DUMONTS KLEINES LEXIKON

SCHOKOLADE, PRALINEN & CO

Marken · Herstellung · Genuss

Tobias Pehle & Team

DÖRFLER·VERLAG

Alle in diesem Buch enthaltenen Angaben, Vorschläge, Rezepte etc. wurden von den Autoren nach bestem Wissen erstellt und von ihnen und dem Verlag mit größtmöglicher Sorgfalt überprüft. Gleichwohl sind inhaltliche Fehler nicht vollständig auszuschließen. Daher erfolgen die Angaben etc. ohne jegliche Verpflichtung oder Garantie des Verlags oder der Autoren. Eine Haftung der Autoren und des Verlags für Personen-, Sach- und Vermögensschäden ist ausgeschlossen.

© Rebo International b.v., NL-Lisse
© der deutschsprachigen Ausgabe:
DÖRFLER VERLAG GmbH, Eggolsheim

Konzeption und Realisation: Medien Kommunikation, Unna

Im Internet finden Sie unser Verlagsprogramm unter:
www.doerfler-verlag.de

Inhalt

Vorwort

Vielfältiger Trendgenuss

Schokolade liegt im Trend: Zwar ist man in den vergangenen Jahrhunderten immer schon der süßen Verführung des Kakaos und seiner Schokoladenspielarten erlegen – aber so aktuell wie heute ist das Thema noch nie gewesen.

Das zeigt sich allein schon in den Supermarktregalen: In jedem besser sortierten Lebensmittelhandel finden sich weit über hundert verschiedenste Schokoladen- und Pralinenarten – von Milchschokolade und Kuvertüre über Schokoriegel und Eisvariationen bis hin zu erlesenen dunklen Schokoladen- und Trüffelkreationen.

Das Angebot ist in den letzten Jahren förmlich explodiert: Viele neue und zum Teil äußerst exotische Variationen bereichern die Genießerauswahl. Gleich zwei Ursachen lassen sich benennen: Da ist auf der einen Seite die Schokoladenindustrie, die durch immer wieder neue Einfälle versucht, die Aufmerksamkeit der geneigten Kundschaft auf sich zu ziehen und die Umsätze zu steigern.

Auf der anderen Seite steht der Trend zum gehobenen Genuss: Die Gourmets dieser Welt, die sich nicht mit der

Standardware zufrieden geben wollen, sind weltweit auf dem Vormarsch. Für sie kann es auch bei der Schokolade nicht edel und exquisit genug sein. Dementsprechend haben in den letzten Jahren vor allem junge Chocolatiers mit höchsten Ansprüchen ihre Marktnischen gefunden und ausgebaut.

Dieses kleine Lexikon wirft ein Streiflicht auf diese große Vielfalt, indem es die wichtigsten und schönsten Seiten der Schokolade beleuchtet: Von der Geschichte und der Herstellung über Trink- und Tafelschokoladen bis hin zu Pralinen und Edelkreationen. Dazu widmet es sich der Frage, wie man Schokolade am besten genießen und wie man sie in der eigenen Küche gewinnbringend einsetzen kann.

Der gesamten Vielfalt aber kann es dennoch nicht gerecht werden, allein schon deshalb, weil sich die Welt der Schokolade tagtäglich verändert. Und: Fast jedes Land der Welt hat bei den Kakaoprodukten seine eigenen Vorlieben und Traditionen.

Aber auch wenn der ein oder andere Aspekt hier nur gestreift werden kann: Schokolade ist letztlich kein wissenschaftliches Thema. Sie ist eines der faszinierendsten Genussmittel der Menschheit, das man sich rund um den Globus mit Lust und Liebe auf der Zunge zergehen lässt. Genau dieser Faszination gilt der Kern dieses kleinen Lexikons. Hier geht es nicht allein um Wissen, sondern vor allem auch um das Vergnügen, sich etwas Besonderes zu gönnen.

In diesem Sinne: Viel Spaß beim Genießen und Entdecken!

Erlesene Versuchung

Lust auf Besonderes

Grenzenloser Genuss

Wer kennt sie nicht, die leuchtenden Augen von Kindern, wenn sie ein Stück Schokolade zum Naschen erhaschen? Die Freude am Genuss von Kakao und seinen Spielarten eint die Kleinen offensichtlich quer durch nahezu alle Länder und Kulturen. Ja es scheint fast so, als ob die Lust auf Schokolade den Menschen angeboren ist.

Ganz abwegig ist der Gedanke nicht: Wissenschaftler gehen nämlich davon aus, dass wir eine Art Zucker-Gen besitzen, das unsere Leidenschaft für Süßes auslöst. Allerdings: Gefunden hat man das Gen noch nicht.

Fest steht hingegen, dass wir ein sicheres Gespür dafür haben, was unserem Körper gut tut – und Kakao bzw. Schokolade sind äußerst nahrreich. Nicht zuletzt aber entwickelt sich von Kindesbeinen an einer unserer schönsten Sinne: der Geschmack – und den trifft die Schokolade im höchsten Maße. Die

egro origen Ghana - Dark Chocolate origin Gha

...OEL BITTERSCHOKOLADE

AMOM

R CROQUER

lade • Goat Milk Chocolate • 100% Organic — CLASSIC

JARI ... CHOCOLATE 64%

Hanf • Hempseeds

A DEL CACAO° MANABÍ PROVINCE 75%

EARL GREY TEE

a 70 % Kakaoanteil

Vollmilchschokolade • Whole Milk Chocolate minus Lactose

Leidenschaft für die braune Verführung ver-
fliegt deshalb im Lauf der Jahre nur selten. Die
Liebhaber der Schokolade finden sich quer
durch alle Altersklassen und gesellschaftlichen
Schichten.

Es gibt wohl kaum ein anderes Genussmittel, das weltweit derart in aller Munde ist
wie die Köstlichkeiten, die aus der Kakaobohne gewonnen werden. Gleichwohl sind die
süßen Versuchungen, denen wir so gerne erlie-
gen, nur der erste Schritt in eine Genussvielfalt
sondergleichen: Denn Milchschokolade, In-
stantkakao oder Schokoriegel bilden nur die
weithin sichtbare Spitze eines Schlaraffenlandes, in dem unzählige versteckte Auen, Täler
und Quellen voller einzigartiger Geschmackserlebnisse darauf warten, entdeckt zu werden.

Traumland für Genießer

Wer dieses Traumland des Genusses betritt,
dem eröffnet sich nicht nur eine Welt, sondern
gleich ein ganzer Kosmos: Es gibt eine un-
glaubliche Vielfalt an ausgesuchten Kakao-
und Schokoladenprodukten. Dort warten neben Tafelschokoladen aus reinem Kakao solche
mit himmlischen Cremefüllungen und frischen Nüssen genauso wie solche mit feinen
Fruchtaromen oder scharfen Gewürzen.

Aus den Quellen dieses Schlaraffenlandes fließen Trinkschokoladen aus den erlesensten Kakaobohnen der Welt genauso wie äußerst degustierenswerte Liköre aus erstklassigen Schokoladen. Den Weg des Genusses säumen feinste Buttertrüffel, mehrschichtige Nougatkreationen oder ausgefallene Marzipanwerke.

Dazu geht der Kakao eine äußerst stimmige Liaison mit anderen Hochgenüssen ein – vom berühmten Schaumwein der Champagne über erlesene Haselnüsse aus dem Piemont bis hin zu betörenden Rosenaromen aus England. Frische Kräuter wie Minze und Basilikum bereichern den Schokoladengaumen ebenso wie die Gewürze Chili oder Fleur du sel.

Aber nicht nur das Geschmacks-, auch das visuelle Erlebnis ist überwältigend: Das Auge kann sich an mit Gold bedeckten Täfelchen oder mahagonifar-
ben glänzenden Riegeln erfreuen; an feinst dekorierten Pralinen und an matt bestäubten Trüffeln; an zu Kakaofrüchten geformten Trinkschokoladen-Massen am Stiel und an kleinen Schokoflöckchen aus Edelkakao; an herrlich duftenden Nou-
gatmassen und an wunderbar aromati-
sierten Streuseln; an liebevoll geformten Herzen und sorgfältig mit Schokolade überzogenen Früchten; an putzigen Osterhasen und an lächelnden Weihnachts-
männern, an: und, und, und …

Kaum eine dieser kleinen Köstlichkeiten gleicht wirklich der anderen und die geschmacklichen Unterschiede spüren nicht nur Kenner heraus. Angesichts der Vielfalt an edelsten Variationen wird vor allem eines deutlich: Schokolade hat unzählige Gesichter und Geschmacksnuancen. Sie allein als süße Verführung zu beschreiben, greift also viel zu kurz – genau wie das Vorurteil, dunkle Schokolade sei herb.

Gleichwohl sind sich die Gourmets dieser Welt einig, wer die geschmacklichen Könige dieses Schlaraffenlandes sind: Die dunklen Schokoladen aus den besten Anbaugebieten dieser Welt. Diese Raritäten sprengen die geschmacklichen Vorstellungen von Schokolade bei weitem, denn sie schmecken weder süß noch herb, sondern nach wunderbar duftendem Kakao.

Regionale Unterschiede

Welche Landstriche dieser Genusswelt man kennt, hängt entscheidend von den eigenen kulinarischen Wurzeln ab. Denn obgleich heute weltweit operierende Großkonzerne den Massenmarkt Schokolade in allen Ländern gleichermaßen zu bestimmen suchen: Die eigene Schokoladenerfahrung ist regional geprägt.

In Europa beispielsweise zeigt sich ein Nord-Süd-Gefälle: So sind helle Schokoladen, allen voran Milchschokoladen, vor allem in Nord- und Mitteleuropa populär. Je weiter man nach Süden kommt, um so größer wird die Vorliebe für dunklere Schokoladen, wie sich z.B. in Italien und Frankreich oder auf der iberischen Halbinsel zeigt.

Und während man in England Minz- und Ingwer-Kreationen zu schätzen weiß, ist Belgien für seine Pralinen berühmt. In den deutschsprachigen Ländern favorisiert man cremige Milchschokoladen, während in Italien Nuss-Nougat-Kombinationen auf eine lange Tradition zurückblicken.

Wie groß die Vielfalt und die nationalen Unterschiede sind, zeigt sich beispielsweise auch beim Blick in die Schokoladenverordnung der Europäischen Union. So sehr man sich hier um eine gemeinsame Qualitätsnorm bemüht hat, gibt es doch eine Reihe von nationalen Sonderregeln, etwa für die spanische Trinkschokolade a la taza, die italienische Crememasse Gianduia oder die englische Milk Chocolate.

Ein Streiflicht auf die nationalen Eigenheiten wirft auch die Tatsache, dass sich in Belgien eine Schutzgemein-

schaft gebildet hat, die peinlich genau darauf achtet, dass als „belgische Schokolade" nur das bezeichnet wird, was nach festen Regeln nationaler Tradition hergestellt wird.

Die wahren Meister

Dahinter steckt nicht nur Nationalstolz, sondern ein gutes Stück Dünkel, der sich auch in anderen Ländern findet: Die Schweizer beispielsweise erheben für sich den Anspruch, die besten Milchschokoladen mit unverwechselbarem Geschmack herzustellen. Und für die Franzosen steht unumstößlich fest, dass sie die wahren Meister der Chocolatierskunst sind.

Den wahren Kenner aber können weder Gesetze oder Siegel noch Nationalstolz oder Marketingansprüche beeindrucken. Er weiß: Die Großen ihres Fachs finden sich in der ganzen Welt – in Schottland genauso wie in Italien, in Japan genauso wie in Kanada.

In Fachkreisen spricht man die Namen dieser Maîtres nur mit höchster Hochachtung aus. Denn sie verstehen sich auf eine Fertigkeit, die längst das reine Handwerk verlassen hat. Die großen Chocolatiers schaffen spielend den Brückenschlag vom Kunsthandwerk zur Kunst. Ihre Kreationen bieten sowohl Geschmackswelten voller raffinierter Finesse als auch ausdrucksvolle Werke mit filigransten Details.

Brückenschlag zur Kunst

Ihr Können zeigt sich vor allem erlauchten Fachkreisen im Rahmen großer Wettbewerbe, wie z.B. der Weltmeisterschaft, die während der Messe „Salon du Chocolat" in Paris ausgetragen wird.

Diese Könner arbeiten in eigenen Edel-Chocolaterien oder in den Top-Patisserien dieser Welt. Aber auch der „kleine Genießer" kann an ihren Werken teilhaben. Einige wenige von ihnen wie der Spanier Enric Rovira exportieren ihre Kunstwerke auch über international agierende Vertriebe an Feinkosthändler oder Chocolaterien aller Herren Länder.

Die Frage: Ist das noch Schokolade oder doch schon Kunst? stellt sich dabei nicht mehr. Längst gibt es international angesehene Künstler, deren Werke komplett aus Schokolade bestehen und die in den bedeutendsten Museen ausstellen. Das Spektrum der Arbeiten von Künstlern wie Dieter Roth, Janine Antoni oder Warren Laine reicht dabei von Gemälden über Reliefs bis hin zu Skulpturen; Künstler nutzen die Möglichkeiten, die der Werkstoff Schokolade ihnen – von flüssig bis fest – bietet, in seinen unterschiedlichsten Facetten aus.

Neue Geschmackswelten

Doch trotz der visuellen Kraft, die die Schokolade in den Händen dieser kreativen Köpfe entfaltet – die höchste Kunst besteht nach wie vor darin, der Kakaobohne den allerfeinsten Geschmack zu entlocken. Und dieser Aufgabe verschreiben sich mehr und mehr Confiseure, wie die Schokoladenmeister auch genannt werden.

Vor allem junge Chocolatiers haben sich in den letzten zwei Jahrzehnten mit hohem Engagement daran gemacht, die Welt der Schokolade um große Geschmackserlebnisse zu bereichern. Zu den herausragenden Beispielen zählt die toskanische Schokoladenmanufaktur Amedei. Das junge Unternehmen hat bereits mehrfach die goldene Bohne für die beste Schokolade der Welt gewonnen, die die Academy of Chocolate in London seit einigen Jahren verleiht.

Aber auch in vielen anderen europäischen Ländern zeigen sich neue Sterne am Schokoladenhimmel wie z.B. Coppeneur in Deutschland, Kshocolât in Großbritannien, Dolfin in Belgien, Australian in Holland oder Zotter in Österreich. Es sind kleine bis mittelständische Unternehmen, die nicht nur edle Tafelschokolade herstellen, sondern meist auch feinste Pralinen und hochwertigste Trinkschokoladen.

Allerdings: Auch die großen alten Namen des Schokoladenhandwerks produzieren nicht nur billige Massenware, sondern erstklassige Qualität wie

beispielsweise Valrhona in Frankreich, Caffarel in Italien, Lindt in der Schweiz, Hachez in Deutschland oder Neuhaus in Belgien, um nur einige zu nennen.

Neben ihren Traditionsprodukten, die zum Teil schon seit über 100 Jahren in gleich bleibender Qualität hergestellt werden, setzen auch sie mehr und mehr auf exquisite Köstlichkeiten wie Plantagenschokoladen aus erstklassigen Kakaobohnen. Denn genau diese machen nämlich den feinen Unterschied aus.

Viel Unkenntnis

Wohl niemand würde einen teuren Wein kaufen, ohne zu wissen, in welcher Region er angebaut oder aus welcher Traube er gekeltert wurde – geschweige denn, sich als Weinkenner zu fühlen, ohne je etwas von einem Bordeaux oder Barolo gehört zu haben. Doch obwohl es sich in der Welt der Schokolade ähnlich verhält wie in der des Weins, ist hier das Wissen um Qualität, Herkunft und Herstellung wenig verbreitet.

Ein wesentlicher Grund dafür ist bei den Schokoladenherstellern selbst zu suchen: 70 % des Weltmarktes werden von einfachen Qualitäten bestimmt – und damit lässt sich kein Staat machen, auch wenn durch erstklassige Verarbeitung sehr wohlschmeckende Schokoladen gewonnen werden können. Auf der Massenware findet man so keine aufschlussreichen Aussagen – und der Verbraucher fragt nicht nach, weil ihn der Geschmack mehr interessiert als harte Fakten.

Erst seit einigen Jahren positionieren sich die engagierten Manufakturen mit ihren Edelprodukten durch ausgewiesene Qualitätsnachweise. So findet man genaue Angaben zu den verwendeten Bohnen oder auch den herausspürbaren Aromen. Dahinter steht oft mehr als eine Marketing-Strategie: In den Angaben zeigt sich eine ganze Philosophie, die von der Liebe zur Schokolade geprägt ist. Hier ist man stolz, dem Genießer das Feinste vom Feinsten bieten zu können.

Nicht selten paart sich die Liebe zum selbst gefertigten Produkt mit einem weit reichenden Engagement für die verwendeten Rohstoffe. Beleg dafür sind Bio-Siegel und Fair-Trade-Verpflichtungen, die ein Ausrufezeichen in einem Markt setzen, der immer noch Negativ-Schlagzeilen durch nicht umweltgerechten Anbau, Hungerlöhne für die Plantagenplackerei und selbst Kinderarbeit produziert.

Natürlich ist auch hier nicht alles Gold, was glänzt. So sagt ein schöner Schriftzug „Plantagenschokolade aus Edelkakao" nicht viel Konkretes aus, wenn nicht genauere Angaben folgen. Wer wissen möchte, wofür er sein Geld ausgibt, sollte deshalb noch einmal genauer hinschauen.

Wunderschöne Verpackungen

Der Blick auf die Verpackungen lohnt bei vielen Produkten auf jeden Fall: Kaum eine andere Branche gibt sich bei der Umhüllung seiner Produkte so viel stilvolle Mühe wie die Schokoladenindustrie. Es sind oft Meisterwerke modernen Designs, die den Kunden in den Regalen der Fachgeschäfte entgegenlächeln.

Ob edle Boxen aus silbereloxiertem Material in zeitgerechter Optik, ob kleine Wappendrucke in echtem Siegellack oder Lederhüllen um flakonartige Flaschen – vor allem Luxusprodukte zeichnen sich durch bis ins letzte Detail liebevoll gestaltete Outfits aus. So wird bereits schon der Einkauf zu einem faszinierenden Fest für die Sinne, vor allem dann, wenn man sich in kleinen Chocolaterien bewegt.

Hier atmet im wahrsten Sinne alles den Duft von frischer Schokolade: Die auf Silbertabletts offen präsentierten Pralinen und Schokoladenkreationen verströmen raumgreifend ihre betörenden Aromen. Die kleinen Köstlichkeiten

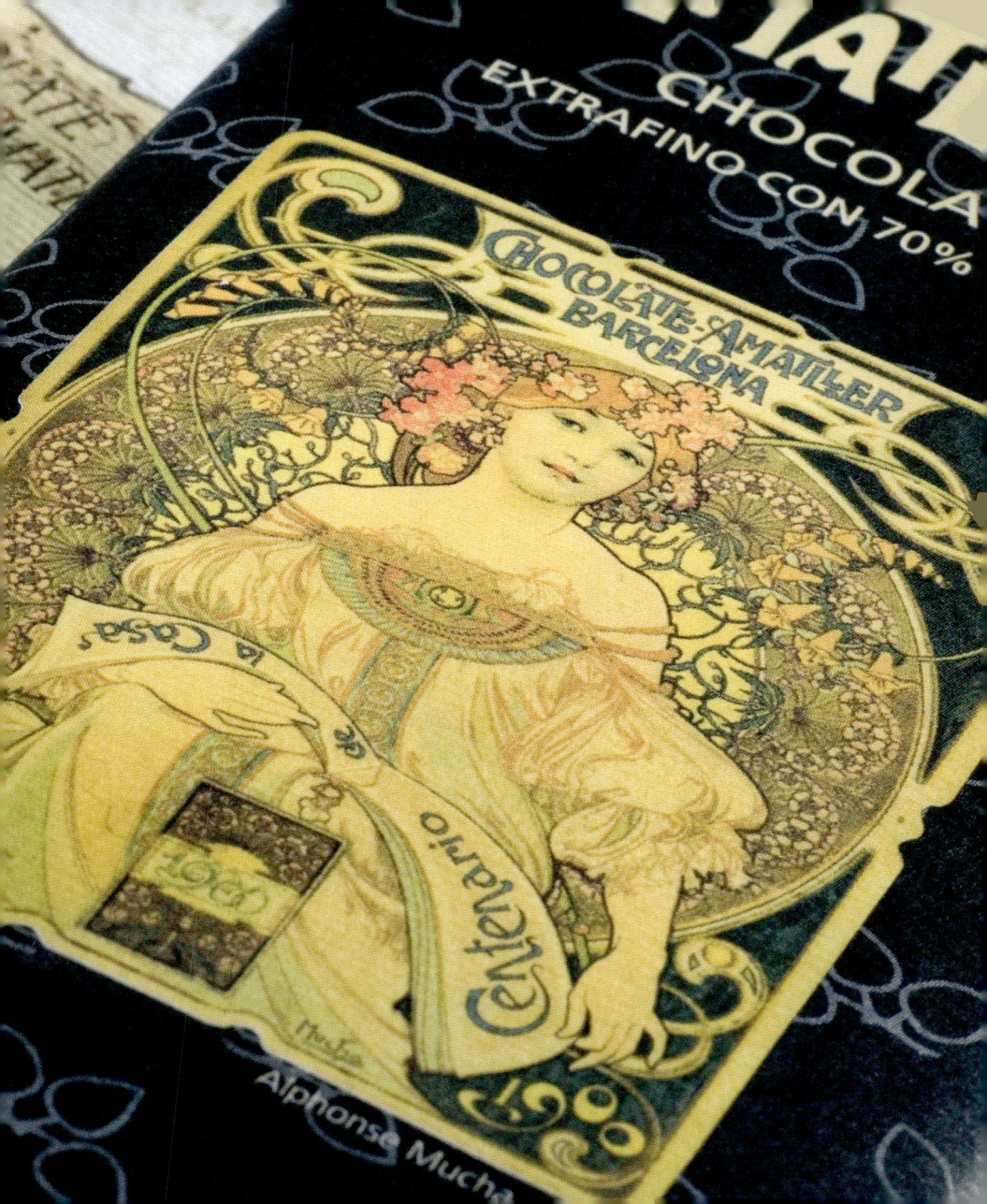

überziehen handgemalte Dekore, die das Augenmerk unwillkürlich auf sich ziehen. Und freundliche Gourmetberater preisen die geschmacklichen Vorzüge so unwiderstehlich an, dass man glaubt, sich keinen größeren Genuss gönnen zu können als dieses eine Stückchen Schokolade.

Gefühltes Glück

Aber genau darum geht es: Um das Gefühl, sich etwas ganz Besonderes zu leisten. Der weltweite Erfolg der Schokolade wäre ohne seinen Nimbus, immer einen magischen Moment heraufzubeschwören, nicht denkbar.

Schokolade kann man nicht einfach nur so konsumieren – sie bedeutet eine kleine Auszeit von Alltagsstress und Sorgen.

Der Augenblick, in dem der zarte Schmelz auf der Zunge zergeht, bewirkt so etwas wie ein keines Wunder: Das Genussmittel wandelt sich zu einem Freund, der je nach Lebenssituation ganz unterschiedliche Gesichter zeigt. Er versöhnt für harte Arbeit und überstandene Anstrengungen, tröstet bei Kummer und Liebesnöten, feiert Erfolge und besondere Leistungen, läutet Entspannungsphasen und Ruhe ein, hellt den Moment und die Gefühle auf.

Psychologische Kraft

Die psychologische Kraft der Schokolade setzt weltweit Zeichen: Als Willkommensgruß, Dankeschön und Ausdruck von Freundschaft. So signalisiert das kleine Täfelchen auf dem Kopfkissen von Hotels: Fühl dich wie zuhause! Die Schachtel Pralinen, die man der Gastgeberin überreicht, sagt: Danke, dass du mich eingeladen hast. Und die Schokolade, die man seinen Freunden anbietet, drückt aus: Schön, dass ihr da seid!

Schon diese wenigen Beispiele zeigen, dass Schokolade vor allem beim Miteinander von Menschen zur Höchstform aufläuft. Wer sie überreicht, sendet instinktiv das Signal: Ich mag dich! So wundert es nicht, dass sie vor allem auch in der Liebe ein Ausrufezeichen der Verbundenheit und Zuneigung setzt – ganz ähnlich wie der Blumenstrauß.

Erotische Komponente

Allerdings: Im Gegensatz zu dessen Blütenpracht bereitet die Schokolade in allen ihren Spielarten nicht nur eine visuelle, sondern vor allem eine gemeinsam erlebbare Freude.

Beim lukullischen Genuss zu zweit erlebt man eine innige Partnerschaft besonders intensiv. Und weil das Sinnenfest dabei von vielen als besonderer Glücksmoment empfunden wird, steht die Schokolade nicht nur in dem Ruf, eine süße, sondern auch eine äußerst erotische Verführungskraft zu besitzen. Nicht wenige sind sogar der Überzeugung, dass sie die Lendenkraft stärkt – konkrete Beweise, dass Schokolade als Aphrodisiakum wirkt, konnten aber bislang nicht erbracht werden.

Aber ganz unabhängig von wissenschaftlichen Analysen beflügelt die Schokolade offensichtlich auch die erotische Fantasie – wie z.B. Bodypainting-Sets aus verschiedenen Schokocremes beweisen. Und in der erotischen Fotografie hat flüssige Schokolade schon lange einen festen Platz.

Schokolade in der Küche

So sehr man beim Thema Schokolade in erster Linie an die kleinen Tafeln oder die leckeren Getränke denken mag – auch aus der Küche ist sie nicht fortzudenken. Ob in einem – oft „geheimen" – Schrank, in dem sich die eine oder andere Tafel Schokolade zum Schnuckern für zwischendurch findet, oder ob in Form von Schokoladenpuddingpulver, Kakao, Streuseln, Kuvertüre, oder auch Koch- oder Blockschokolade in den gut erreichbaren Fächern oder Schubladen.

Die Aufzählung der Produkte, die in der Küche beim Backen und Kochen, Zubereiten von Getränken oder kleinen Snacks Verwendung finden, ließe sich weiter fortsetzen.

Schokoladenfreunden präsentiert sich die dunkle Köstlichkeit in immer wieder anderer Gestalt als Begleiter durch den Tag: Am Morgen macht sie sich dezent in winzigen Stückchen im Müsli bemerkbar. Schul- oder Arbeitspause versüßt sie als cremiger Brotaufstrich.

Am Mittag krönt sie das Mahl als duftiges Mousse oder köstlicher Pudding, am Nachmittag verschafft sie sich Platz in cremigen Törtchen oder kleinen Keksen. Am Abend verhüllt sie süß und glänzend Nüsse, Mandeln oder andere knackige Kerne, oder sie zergeht als schmelzendes Praliné auf der Zunge, bevor sie schließlich als beschwipster Tropfen dem Likör die Ehre erweist oder als Trinkschokolade in heißer Milch versinkt, um am nächsten Morgen in aller Frische beim Frühstück wieder aufzutauchen.

Welch großen Stellenwert Kakao und Schokolade in der Küche einnehmen, unterstreichen allein schon die vielen Schokoladen-Kochbücher, die sich vor allem um das Thema Backen drehen. Tausende von Rezepten für Muffins, Kuchen und Torten kennen Konditoren-Profis genauso wie engagierte Hobby-Köchinnen und -Köche – darunter große Klassiker wie die Sacher-Torte, die Schwarzwälder Kirschtorte oder auch die amerikanischen Brownies.

Schoko-Mode

Die Schauen des Salon du chocolat

Es ist der Auftritt einer Königin: Langsam bewegt sich die Schöne zu klassischer Musik aus dem Schatten der Bühne ins gleißende Scheinwerferlicht. Gewandet ist sie in eine große Abendrobe: Golden, braun und rot leuchten die Farben der edlen Stoffe, die nach hinten in eine lange Schleppe fallen.

Die bewundernden Blicke der vielen Hundert Zuschauer hängen aber nicht so sehr an dem exquisiten Kleid. Vielmehr zieht sie eine mächtige Schokoladenkreation in den Bann, die wie ein filigraner, mahagonifarbener Erdball um den Kopf des Modells liegt. Trotz seiner Größe wirkt dieses Fantasiegebilde nicht wie ein Fremdkörper, sondern erscheint als ein völlig selbstverständlicher Bestandteil dieses einzigartigen Gesamtkunstwerks.

Gemeinsame Kunstwerke großer Meister

Dieser Auftritt ist der Höhepunkt einer der spektakulärsten Modenschauen der Welt: Jedes Jahr präsentieren auf dem „Salon du chocolat" in Paris große Modedesigner zusammen mit den berühmtesten Chocolatiers so süße wie vergängliche Träume aus Stoff und Schokolade.

In immer wieder neuen Kombinationen lassen die Meister der Mode und der Leckereien ihrer Fantasie freien

Lauf: Mal sind kleine Pralinen wie Pailletten in Stoffe einge-
webt, mal bilden kleine Täfelchen einen zierlichen Umhang,
mal sind Bilder aus Schokolade auf Seide aufgedruckt. Aber
ganz gleich, was hier präsentiert wird: Extravagant und exquisit ist jede einzelne der Kreationen. Geschneidert und geschöpft
wird dabei übrigens nicht nur für Frauen, sondern auch für
Herren, die sich beispielsweise mit Schokoladenschlips und
passendem Pralinenhut präsentieren.

Und auch, wenn das, was hier gezeigt wird, absolut
untragbar ist: Tosender Beifall ist den Maîtres der beiden
Luxuswelten gewiss, wenn sie sich am Ende der Schauen
gemeinsam mit ihren Modellen auf dem Laufsteg zeigen.

Gesunde Schokolade?!

Zweiseitige Wahrheit

Schokolade macht süchtig und dick! Das sind zwei der am meistverbreitetsten Vorurteile gegenüber der Schokolade. Und sie stimmen: Denn die Lust am Schokoladengenuss kann man als „Sucht" empfinden. Und natürlich macht Schokolade dick, wenn man sie tafelweise in sich hinein futtert.

Rein wissenschaftlich betrachtet aber sind beide Aussagen nicht haltbar. Denn Schokolade enthält weder nennenswerte Suchtstoffe noch besondere Dickmacher. Dafür ist sie gesund und macht glücklich – vorausgesetzt, man genießt sie in Maßen.

Wertvolle Nährstoffe

Bereits Anfang des 19. Jahrhunderts schreibt der große Naturforscher Alexander von Humboldt (1769–1859) über den Kakao: „Kein zweites Mal hat die Natur eine solche Fülle der wertvollsten Nährstoffe auf einem so kleinen Raum zusammengedrängt, wie gerade bei der Kakaobohne."

Auch 200 Jahre später fällt die wissenschaftliche Analyse des Naturprodukts nicht anders aus. Denn bei einer genauen Untersuchung zeigt sich, dass der Kakao als Grundstoff der Schokolade viele wichtige Bausteine unseres täglichen Ernährungsbedarfs in konzentrierter Form enthält. Zu den wertvollen und vor allem Energie spendenden Stoffen zählen unter anderen Proteine und Kohlenhydrate, Mineralien wie Phosphor und Magnesium sowie zahlreiche Vitamine.

So erklärt es sich beispielsweise, warum Schokolade zur Ernährung von Astronauten zählt, im Marschgepäck von Soldaten zu finden ist oder bei Sportlern als Energielieferant eingesetzt wird. Anfang des 19. Jahrhunderts verkauften Apotheker das „braune Gold" sogar als ein Stärkungsmittel bei Schwächegefühl.

Wie hoch der ernährungswissenschaftliche Wert von Schokolade ist, hängt allerdings von der Qualität des Produkts ab. So ist beispielsweise der Zuckeranteil bei den verschiedenen Tafeln und Getränken unterschiedlich hoch. Neben den verwendeten Zusatzstoffen hat auch die Verarbeitung – z.B. die Herstellung als Vollmilchschokolade – Einfluss auf die Inhaltsstoffe.

Die nebenstehende Tabelle gibt einen Überblick über die durchschnittlichen Werte einer qualitativ hochwertigen

Inhaltstoffe von 100 Gramm hochwertiger Schokolade

	Dunkle Schokolade	Milch- Schokolade	Weiße Schokolade
Nährstoffe:			
Proteine	3,2 g	7,6 g	7,5 g
Lipide	33,5 g	32,3 g	37,0 g
Kohlenhydrate	60,3 g	57,0 g	52,0 g
Lezithin rein	0,3 g	0,3 g	0,3 g
Theobromin	0,6 g	0,2 g,	–
Mineralstoffe:			
Kalzium	20 mg	220 mg	250 mg
Magnesium	80 mg	50 mg	30 mg
Phosphor	130 mg	210 mg	200 mg
Spurenelemente:			
Eisen	2,0 mg	0,8 mg	Spuren
Kupfer	0,7 mg	0,4 mg	Spuren
Vitamine:			
A	12 µg	90 µg	66 µg
B1	0,06 mg	0,1 mg	0,1 mg
B2	0,06 mg	0,3 mg	0,4 mg
C	1,14 mg	3,0 mg	3,0 mg
D	1,3 µg	1,8 µg	0,4 µg
E	2,4 mg	1,2 mg	Spuren
Verwertbare Energie:			
Kilojoule (kJ)	2320	2300	2380
Kilokalorien (kcal)	555	550	570

Quelle: CHOCOSUISSE, Verband der schweizerischen Schokoladenindustrie

Schokolade. Vor allem bei Billigprodukten mit geringem Kakaoanteil können die Werte davon allerdings deutlich abweichen.

Kalorienbombe Schokolade?

Eine Marken-Milchschokolade liefert pro 100 Gramm ungefähr rund 550 Kilokalorien und enthält 54 % Kohlenhydrate, 31,5 % Fett und 9 % Proteine. Das bedeutet: Drei bis vier Stückchen Schokolade – also ungefähr 15 Gramm – entsprechen in Bezug auf die Kalorien circa einem Apfel oder einer Scheibe Vollkornbrot.

Bei einer Schokolade mit sehr hohem Kakaoanteil kann der Kalorienanteil noch deutlich darunter liegen, bei einer mit hohem Zucker und Fettanteil allerdings auch erheblich darüber. Grundlegend lässt sich sagen: Je höher der Kakaoanteil ist, desto gesünder ist die Schokolade, da sie dann vor allem weniger Zucker enthält.

Die Frage, ob Schokolade eine Kalorienbombe ist, kann man also sowohl verneinen als auch bejahen. Ein bisschen Schokolade schadet keiner Figur – eine ganze Tafel allerdings lässt sich hingegen schon als Kalorienbombe bezeichnen.

Wichtig ist in diesem Zusammenhang, Trinkschokolade von fester Schokolade zu unterscheiden. Kakaobohnen enthalten zu über 50 % Fett. Bei der Verarbeitung entstehen Kakaobutter und Kakaopulver. Das Pulver weist einen wesentlich geringeren Anteil an Fett auf als die Butter, nämlich nur ca. 11 %. Deshalb sind Trinkschokoladen aus Kakaopulver lange nicht so kalorienhaltig wie Tafelschokoladen, vor allem, wenn die Getränke mit heißem Wasser angerührt werden.

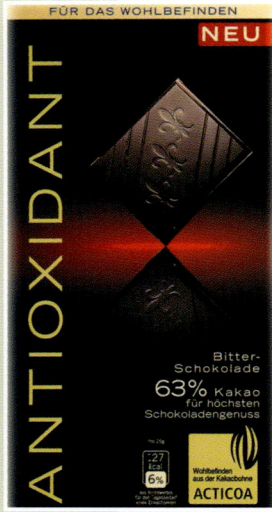

Die Antioxidantien

Zu den großen Gesundheitsrisiken der modernen Welt zählt u. a. die Zunahme von so genannten freien Radikalen in unserem Körper – Sauerstoffverbindungen, die z.B. im Verdacht stehen, Hautzellen vorschnell altern zu lassen oder Krankheiten wie Arteriosklerose oder Krebs auszulösen. Gegen diese freien Radikalen helfen so genannte Antioxidantien. Sie stehen vor allem in dem Ruf, die Durchblutung zu fördern, das Herz-Kreislauf-System zu stabilisieren oder den Cholesterinspiegel positiv zu beeinflussen.

Kakaobohnen enthalten im Vergleich zu vielen anderen Lebensmitteln eine Vielzahl dieser Antioxidantien. Allerdings: Bei den meisten Verfahren zur Herstellung von Schokolade werden die Stoffe zu einem Großteil zerstört. Jetzt gibt es vermehrt Hersteller, die neue, schonendere Verfahren nutzen. Sie können so Schokoladen anbieten, die einen höheren Anteil an Antioxidantien aufweisen – und dies auf der Verpackung auch werbewirksam vermerken.

Zuckerfreie Schokolade

Immer mehr Hersteller bieten Schokoladen ohne Zuckerzusatz, zuckerreduziert oder zuckerfrei an. Der Zucker wird dann meist durch Austauschstoffe wie Sorbit, Isomalt, Lactit, oder Maltit ersetzt, die für die beliebte Süße sorgen, den Geschmack aber auch nachteilig beeinflussen können.

Süßer Glücksbringer

Schokolade macht glücklich! Diesen Satz werden Schokoladenfans uneingeschränkt unterschreiben – und die Wissenschaft liefert die Erklärung dazu: Schokolade enthält nämlich Zucker und die Aminosäure Tryptophan. Dies ist eine wunderbare Kombination, lässt sie doch den Serotoninspiegel in unserem Gehirn ansteigen. Und Serotonin gilt als das Glückshormon schlechthin.

Allerdings: Wie stark die Schokolade Serotonin anregt, ist von Schokolade zu Schokolade und von Mensch zu Mensch verschieden. So kann es durchaus sein, dass der eine Schokolade als echten Glücksbringer erlebt, während der andere nicht einmal den Hauch einer Wirkung verspürt. Als echtes Antidepressivum kann man Schokolade daher nicht bezeichnen.

Das kleine Glücksgefühl beim Schokoladengenuss ist oft allerdings nicht so sehr physiologisch, sondern vielmehr psychologisch erklärbar: Mit dem Schokoladengenuss verbinden viele Menschen positive Erinnerungen an ihre Kindheit. Das süße Vergnügen sehen sie zudem als Belohnung und verbinden es mit entspanntem Freizeitgenuss.

Zu der Wirkung von Zucker und Tryptophan gesellen sich bei

Schokolade die der anregenden Stoffe Theobromin und Koffein, die ein bis zwei Prozent des Kakaos ausmachen. Beide Stoffe stimulieren unser Nervensystem. Vor allem das Koffein mindert Müdigkeit und steigert die Leistungsfähigkeit. Mit der Wirkung von Kaffee ist Kakao allerdings nicht zu vergleichen: Während eine Tasse Filterkaffee 50 bis 175 und eine Tasse Tee 25 bis 100 Milligramm Koffein enthalten, sind es bei einer Tasse Kakao maximal 25 Milligramm.

Die Sucht nach Süßem

Wenn man alles zusammen nimmt, scheint Schokolade ein Stoff der Superlative zu sein: Ein ungemein leckerer Energiespender, der uns fit macht und gut drauf bringt. Ein Suchtstoff ist sie dennoch nicht. Zwar weist Schokolade minimale Spuren von Andamid, einem Cannabis ähnlichem Rauschmittel, auf. Die Konzentration ist aber äußerst gering: Man müsste schon mehrere Kilo Schokolade auf einmal verputzen, um eine echte Wirkung zu spüren, geschweige denn eine körperliche Abhängigkeit aufzubauen.

Dennoch gibt es viele, die sich Schokoladen-süchtig fühlen, vor allem viele Frauen. Als Sucht im medizinischen Sinne lässt sich das übermäßige Verlangen zwar nicht bezeichnen – wohl aber verstehen. Auslöser für die gefühlte Sucht sind meist antrainier-

te Verhaltensmuster, wie es die Wissenschaftler ausdrücken. Gemeint ist, dass man
Schokolade immer wieder in ähnlichen Situ-
ationen isst, beispielsweise bei Kummer und
Sorgen. Verspürte man anfangs schon bei
einigen Stückchen Schokolade die aufhellen-
de Wirkung des Serotonins, meint man später unterbewusst bei dauerhaften Sorgen
eine ähnliche Wirkung nur durch das Ver-
zehren von einer oder sogar mehreren Tafeln
Schokolade erreichen zu können.

Dass sich vor allem Frauen betroffen
fühlen, lässt sich auch durch ihren Zyklus
erklären: Nach dem Eisprung sinkt der Serotoninspiegel langsam, kurz vor der Menstru-
ation sogar stark ab. Dadurch stellen sich
wechselnde Stimmungslagen, Schwermut
oder Reizbarkeit ein – und diese können von
der Schokolade etwas abgefangen werden.

Schokolade und Allergien

Fälle, in denen Schokolade Allergien auslöst, sind äußerst selten. Allerdings: Viele Schokoladen sind für Allergiker Gift – vor allem für solche, die sehr empfindlich auf kleinste
Mengen von Nuss, Sojalecithin oder Milchbestandteile reagieren. Das Problem liegt
dabei nicht beim Kakao, sondern bei den weiteren Inhaltsstoffen der Schokoladen. Bei
den meisten Produkten können die Hersteller deshalb nicht ausschließen, dass sie eventuell auch Spuren der Allergie auslösenden Stoffe beinhalten.

Schokoladen-Schlagzeilen

Die Medien beglücken die Menschheit in den letzten Jahren mit immer wieder neuen Schlagzeilen zur Schokolade. Sie beziehen sich dabei auf die vielen Forschungen, die rund um den Globus betrieben werden. Allerdings: Die Schlussfolgerungen, die aus den wissenschaftlichen Erkenntnissen gezogen werden, sind oft mit Vorsicht zu genießen. So interpretieren beispielsweise kritische Ernährungswissenschaftler Ergebnisse anders als Süßwarenhersteller. Zu den spektakulärsten Schlagzeilen der letzten Jahre zählen:

- „Schokolade macht Verlieben leichter": Schokolade enthält minimale Anteile an Endorphinen, den Stoffen, die unser Körper bei Verliebtheit produziert und die für euphorische Glücksgefühle sorgen. Wer allerdings glaubt, sich durch Schokolade schneller oder mehr verlieben zu können, wird wohl lange auf rosarote Wolken warten müssen.

- „Schokolade macht Babys pflegeleichter": Finnische Forscher haben die Essgewohnheiten von Schwangeren untersucht. Aus den Ergebnissen kann man herausinterpretieren, dass Babys von Frauen, die während der Schwangerschaft viel Schokolade gegessen haben, pflegeleichter sind. Aber es wäre zu schön um wahr zu sein, dass Schokolade die Erziehungsprobleme dieser Welt lösen könnte.

- „Schokolade stärkt die Manneskraft": **Seit es Schokolade gibt, glaubt immer wieder auch jemand an eine die Lenden belebende Wirkung. Ein Viagra-Ersatz ist Schokolade leider definitiv nicht.**

- „Schokolade hilft bei Husten": **Englische Wissenschaftler glauben, dass der Kakaobestandteil Theobromin chronischen Reizhusten bekämpfen kann – eine wissenschaftlich breit fundierte Aussage ist dies allerdings nicht.**

- „Schokolade ist ein Stresskiller": **Magnesium gilt als Stresskiller – und dieser Stoff ist in der Schokolade vorhanden. Wer daran glaubt, dass der Genuss eines Stückchens Schokolade das Leben für einen Moment entspannt, wird dies sicherlich so empfinden – kiloweise Schokolade zu futtern hingegen baut Alltagsstress nicht ab, sondern Gesundheitsstress auf.**

■ „Schokolade schützt die Zähne": Schokolade enthält Substanzen wie Phosphor oder Kalzium, die für gesunde Zähne wichtig sind – vor allem aber Zucker, der sie angreift. Zu sagen, dass Schokolade die Zähne schützt, ist so nicht nur dumm, sondern fahrlässig gefährlich.

■ „Schokolade führt zu Verstopfung": Verstopfung ist das Ergebnis falscher Ernährung – nicht eines einzelnen Lebensmittels, auch nicht der Schokolade.

■ „Schokolade verursacht Kopfschmerzen": Menschen, die unter Kopfschmerzen leiden, geben zum Teil der Schokolade die Schuld. Leider ist es nicht so, dass der Verzicht auf Schokolade auch die Kopfschmerzen beseitigt.

■ „Schokolade führt zu Akne": Dieses alte Gerücht, das sich immer noch hartnäckig hält, haben längst mehrere Studien widerlegt.

■ „Schokolade schützt das Herz": Das im Kakaobaum vorhandene Flavonoid Procyanidin kann amerikanischen Wissenschaftlern zufolge das Blutbild und damit unseren Herzkreislauf positiv beeinflussen – dass das Essen von Schokolade das Herz nachhaltig schützt, kann man deshalb noch lange nicht behaupten.

Schoko-Regeln für Kinder

Kinder lieben Süßigkeiten – besonders Schokolade. Damit sich der kleine Genuss für sie nicht zum Problem auswächst und übermäßiger Konsum zu Übergewicht oder auch kaputten Zähnen führt, gilt es, einige Grundregeln zu beachten:

- Kinder unter zwei Jahren sollten keine Süßigkeiten – und damit auch keine Schokolade – bekommen.
- Schokolade sollte immer etwas Besonderes sein – und kein frei verfügbares und unkontrolliert konsumierbares Lebensmittel. Deshalb: Keine Schalen mit Süßigkeiten offen herumstehen lassen und Schokolade Kindern nur gezielt in kleinen Mengen anbieten.
- Weiche Schokoladenprodukte verbleiben nicht so lange im Mund wie solche, die z.B. über längere Zeit gelutscht werden. Sie greifen deshalb die Zähne weniger stark an. Leiten Sie deshalb Kinder auch dazu an, Schokolade zügig zu essen und nicht so lange wie möglich im Mund zu belassen.
- Nach dem Genuss von Schokolade sollte darauf geachtet werden, dass die Zähne besonders gründlich geputzt werden.
- Erwachsene sind Vorbilder: Wer ungehemmt Schokolade isst, muss sich nicht wundern, wenn auch die Kinder Süßes in sich hineinstopfen. Wer hingegen vorlebt, dass Schokolade ein besonderer Genuss ist, den man sich nur vereinzelt und in kleinen Mengen gönnt, beeinflusst die Essgewohnheiten der Kinder positiv.
- Kinder sind verständig – ihnen zu erklären, warum man Schokolade nur genießen und nicht in großen Mengen vertilgen sollte, bringt so weitaus mehr als Verbote.

Gesund Genießen

Zum Thema Schokolade und Gesundheit bleibt also festzuhalten: Gegen ein Stückchen oder Schlückchen feiner Schokolade hat kein Ernährungswissenschaftler dieser Welt einen ernsthaften Einwand. Im Gegenteil: Schokolade kann mit vielen positiven Seiten aufwarten. Das Problem ist allein die Menge – denn es bleibt ja in der Regel nicht bei einem kleinen Riegel oder einer einzigen Praline.

Aber selbst eine ganze Tafel Schokolade kann man gelegentlich mit ruhigem Gewissen genießen – vorausgesetzt, man lebt und ernährt sich ansonsten gesund. Denn es ist nicht die vereinzelte Tafel Schokolade, die dick macht, Karies verursacht oder Herz-Kreislauf-Krankheiten hervorruft. Diese werden vielmehr von einem allgemein fahrlässigen Umgang mit der eigenen Gesundheit hervorgerufen, allen voran von falscher Ernährung, zu wenig Bewegung und mangelnder Zahnhygiene.

Wer Schokolade liebt, gönnt sie sich mit Sicherheit öfter und in größeren Mengen, als es Gesundheitsapostel für vernünftig ansehen. Umso wichtiger ist es dann, für ausreichenden Ausgleich zu sorgen. Dazu zählt vor allem Sport zu treiben und andere Risikofaktoren zu minimieren wie zu fettreiches Essen, übermäßigen Alkoholkonsum oder Rauchen.

Wellness für Körper & Seele: Schokoladen-Kosmetik

In Schokolade baden, dabei mit einem Peeling aus Kakaobohnenschalen die Haut weich rubbeln und eine Schoko-Gesichtsmaske auflegen. Anschließend mit einer kakaobutterhaltigen Creme die Gesichtshaut sowie mit einer nach Schokolade duftenden Lotion den ganzen Körper verwöhnen. Zu guter Letzt noch einen verführerischen und reichhaltigen Balsam mit echter Schokolade auf die Lippen auftragen: So kann Schokolade Körper und Geist verwöhnen. Mit solchen Programmen warten nicht nur Wellnesshotels und Beautysalons auf – entsprechende Produkte bieten auch Drogeriemärkte oder Parfümerien in allen Preisklassen für schokoladiges Wohlfühlen daheim.

Die offenbar grenzenlose Faszination der Schokolade hat so auch vor der Kosmetikindustrie nicht haltgemacht. Neben trendigen Schokoprodukten, die manchmal nur ein duftendes Aroma enthalten, ist die positive Wirkung der Kakaobutter auf die Haut unumstritten. Schon die Azteken sollen ihre pflegende und auch heilende Wirkung gekannt und genutzt haben. Heute werden vor allem die nützlichen Eigenschaften der Kakaobutter durch Proteine, Polyphenole und Mineralstoffe hervorgehoben. Sie sollen die Haut stärken sowie Alterungsprozessen entgegenwirken. Und vor wenigen Jahren haben Wissenschaftler nachgewiesen, dass Kakao die Wundheilung unterstützen, Falten vorbeugen und sogar bestimmte Hautschäden therapieren kann.

Geschenk der Götter

Die Geschichte der Schokolade

Die Geschichte der Schokolade vom bitteren Xocoatl – dem Kultgetränk der Azteken – bis zum zarten Schmelz eines Trüffelpralinees – ist ein über 3000 Jahre langer Pfad der amerikanisch-europäischen Kulturgeschichte. Er ist mehr, als die einfache Geschichte eines Lebensmittels: Er ist ein Spiegel der Kulturen durch die Jahrhunderte, ein Beleg spannender Historie und ein Ausdruck sich wandelnden Geschmackssinns.

Die Schokoladengeschichte beginnt 1000 vor Christus: Für den Beginn zur Zeit der indianischen Hochkulturen Mittelamerikas – die sich durch erste feste Siedlungen, effektive Landwirtschaft und beispielsweise Hieroglyphenschrift auszeichneten – gibt es heute noch zahlreiche Zeugnisse. Man fand aus dieser Zeit Schrifttafeln, Holzschnitte, Ölbilder oder auch ausgegrabene Werkzeuge zur Kakaoverarbeitung sowie Gefäße und Trinkbecher.

Diese Funde beweisen nicht nur die Existenz, sondern auch den Kultstatus des Kakaobaums und seiner kostbaren Bohnen bei der ersten bedeutenden Zivilisation Mittelamerikas, den Olmeken. Für sie war der Kakao ein Geschenk der Götter. Als Zahlungsmittel und Grundlage eines äußerst geschätzten Getränks blieben die Kakaobohnen auch bei den nachfolgenden Völkern hoch angesehen: Von den fast vergessenen Tolteken über die geschäftigen Maya bis zu den zuletzt lebenden Azteken im heutigen Mexiko.

Seinen weltweiten Siegeszug trat der Kakao aber erst im 15. Jahrhundert an: Der spanische Eroberer Hernán Cortés brachte den wertvollen Rohstoff nach Europa, wo er sich im Laufe der folgenden Jahrhunderte zu dem beliebten Genussvergnügen entwickelte, das wir heute so schätzen.

Am Anfang stand der Kakawa

Kakawa ist ein Wort aus der Mixe-Zoque-Sprache der Olmeken. Mit diesem Ursprungswort des späteren Kakaos bezeichneten schon die hochentwickelten Ureinwohner im Tiefland der mexikanischen Golfküste den Kakaobaum und seine Früchte. Durch ihren Handel mit umliegenden Kulturen gaben sie auch ihre Sprache und ihr Wissen über die begehrte Pflanze weiter.

So erklärt man sich, dass auch die benachbarten – auf der mexikanischen Halbinsel Yucatán erstarkenden – Maya den Kakaobaum kultivierten. Nicht nur, dass sie seine hübschen, bunten Bohnen zum Zahlungsmittel erhoben: Sie erklärten diese sogar zum Heiligtum.

Den Genuss des schäumenden Pulver-Aufgusses behielten sie allerdings ihrem Adel vor. In ihrer Blütezeit 250 bis 900 Jahre nach Christus besaßen die Maya riesige Anbaugebiete und betrieben regen Handel mit Kakaobohnen, der ihnen zu großem Reichtum verhalf.

Der Hof Montezumas

Montezuma, der letzte Kaiser der Azteken, soll zur Zeit der Eroberung Mexikos im Jahre 1519 bis zu 1000 Tonnen Kakaobohnen an seinem Hof gelagert haben. Und das, obwohl er keine eigenen Anbaugebiete besaß. Der kriegerische Herrscher führte ein Berufsheer und unterjochte andere indianische Völker, wie auch die Maya, von denen er Abgaben – in Form von Kakaobohnen – verlangte.

Allein 40 Becher des kraftspendenden Xocoatl (abgeleitet von „xococ" = sauer und „atl" = Wasser), das die Europäer nicht aussprechen konnten und ein-

MUTECZUMA

Rex ultimus Mexicanorum

fach Schokolade nannten – habe der Herrscher selbst täglich aus goldenen Schalen getrunken.

Doch es muss ein unansehnliches und ausgesprochen bitteres Getränk gewesen sein, dem man Pfeffer, Chili, Mais oder Vanille zufügte, um es zu verfeinern und dann mit einem Holzquirl schaumig zu rühren.

Die spanischen Konquistadoren erkannten dennoch seine erbauende Wirkung und machten es sogar den einheimischen Kriegern nach, die den getrockneten Brei in Blätter gewickelt – nichts anderes als eine Vorstufe zur Schokolade – zur Stärkung auf langen Märschen bei sich trugen.

Der Kakao wird spanisch

Der erste Europäer, dem in der alten Welt eine Tasse Schokolade vorgesetzt wurde, dürfte 1528 der römisch-deutsche Kaiser Karl V. gewesen sein. Sein Statthalter Cortés hatte ihm zuvor schon berichtet, dass er „Gold" – sprich Kakao – für ihn auf einer Plantage züchten ließe.

Ob das exotische Getränk der Majestät mundete, ist so genau nicht überliefert. Wahrscheinlich interessierten Gold und Silber aus den eroberten Gebieten mehr als die Schätze der Natur, die ihren Wert für die Ernährung der Menschen erst später erweisen sollten. Denn der neuen Welt verdanken wir außer Kakao auch Mais, Kartoffeln, Bohnen, Tomaten, Paprika, Kürbis sowie Avocado und Ananas.

Die spanischen Einwanderer Mexikos schätzten zwar weiterhin den Wert der Kakaobohnen als Zahlungsmittel, doch besonders als Getränk sollte der Kakao unter ihnen immer mehr Liebhaber finden. Wie die Maya tranken die Spanier den Xocoatl heiß, wie die Azteken rührten sie ihn auf Wasserbasis, würzten ihn aber mit Gewürzen wie Pfeffer, Anis, Zimt, Mandeln und Haselnüssen, die sie aus Europa kommen ließen.

Es waren Nonnen und Mönche in den spanischen Klosterküchen in Mexiko, die mit immer neuen Rezepturen experimentierten und die Formen des Röstens und Mahlens der Kakaobohnen perfektionierten. In den so genannten Chocolaterias, die immer zahlreicher im Lande entstanden, trank man zu allen Tageszeiten frisch zubereiteten Kakao.

Die damals nach Mexiko eingewanderten Spanierinnen waren so verrückt nach dem Trank, dass sie ihn sich von ihren Bediensteten sogar in die Kirche nachtragen ließen. Als nun ein Bischof es wagte, gegen die Unsitte des Schokoladetrinkens in der Kirche von der Kanzel herab zu wettern, blieben sie einfach dem Gottesdienst fern. Der geistliche Herr gab klein bei, und die Damen ließen sich auch weiterhin ihre geliebte Trinkschokolade schmecken.

Man nimmt an, dass es auch die Ordensmänner waren, die den Kakao-Trank und die neuen Rezepturen nach Spanien brachten. Besonders die Jesuiten pflegten einen regen Austausch zwischen den Klöstern der alten und neuen Welt. Später betrieben sie sogar zeitweise den Kakaohandel – auch in anderen europäischen Ländern.

Der Kakao wird hoffähig in Europa

In der zweiten Hälfte des 17. Jahrhunderts avancierte die Schokolade zum Modegetränk höfischer Gesellschaften in Spanien – und später sogar zum Nationalgetränk. Besonders die feinen Damen zelebrierten das Kakao-Ritual, trafen sich in großen, luftigen Sälen und reichten den schäumenden Trank in silbernen Kännchen und feinstem Porzellan zur Nachmittagssüßigkeit, während sich die mächtigen Herren den politischen Themen im Gespräch zuwandten.

Zeitzeugen berichteten, dass man den Schokoladentrunk nicht nur aus kostbaren Gefäßen auf mit Gold eingefassten Achatuntertassen genoss, sondern dazu – und das war neu – eine ähnlich gearbeitete Zuckerdose reichte. Übrigens schien man sich bei der Form der Kakaotassen an den alten Trinkschalen des Azteken-Kaisers Montezuma zu orientieren. Auch zu seiner Zeit hatten die Gefäße einen Fuß und zwei Henkel.

So ist der große Erfolg von Kakao in Spanien und später in ganz Europa wohl nicht unerheblich auf die Zugabe von Zucker zurückzuführen. Die auf alles Süße versessenen Europäer verdanktem einem raffinierten Chocolatier, der auf die Idee gekommen war, den süßen Stoff hinzuzufügen, ein völlig neues Geschmackserlebnis mit Kakao. Diese süße Verbindung löste endgültig einen wahren Kakao-Boom in Europa aus.

Mögen es die Ehen zwischen den Prinzen und Prinzessinnen der europäischen Königshäuser gewesen sein oder Verbindungen der Ordensklöster Spaniens mit etwa denen Italiens, die zum Einzug des Kakaos in die anderen europäischen Königshäuser beitrugen – sein Weg des Erfolges in der gesamten alten Welt war nicht aufzuhalten.

Umkämpftes Handelsmonopol

Aufgrund der hohen Kosten der besonderen Kolonialware und seiner zunehmenden Beliebtheit entwickelten auch die anderen europäischen Kolonialmächte immer größeres Interesse, Kakao-Plantagen in den jeweiligen Territorien zu besitzen. Nicht selten kam es sogar zu regelrechten Seeschlachten um die kostbare Fracht aus Mexiko.

Über hundert Jahre konnten die Spanier ihr Handelsmonopol gegen alle Widerstände aufrechterhalten. Genauso lange blieb die heiße Schokolade ein spanisches Getränk. Doch danach erkämpften sich auch Portugal, Frankreich, England und Holland eigene Territorien zum Anbau der kostbaren Kakaofrucht.

Schokolade aus goldenen Tassen

Kein anderer als Ludwig XIV. mit seinem Ruf, genuss- und
vergnügungssüchtig zu sein, machte Schokolade in Frankreich gesellschaftsfähig, wo sie ebenso wie in Spanien aus
feinstem Porzellan serviert wurde.

Der Sonnenkönig war ein Schoko-Trendsetter, der übrigens auch den Bau einer der ersten dampfkraftbetriebenen
Schokoladenmaschinen gefördert haben soll. Sein Lebens-
stil und damit auch seine Kakaoleidenschaft wurde an allen
Höfen Europas imitiert, sodass sich das Kultgetränk auch
bei den Engländern und Holländern sowie später auch bei
den Schweizern und Deutschen durchsetzte. In Italien oder
auch in England entstanden
schon bald exklusive Kakao-
stuben, ähnlich wie Clubs, wo
sich die feinen Herrschaften
zum süßen Vergnügen trafen.

Von seiner Glanzzeit an
Höfen und hohen Häusern
des 17. Jahrhunderts bis zur
Ära des Fortschritts und damit leistungsfähigeren Ver-
arbeitungsmaschinen um die
1820er-Jahre genoss man Kakao in Europa – abgesehen
vom Turiner Schokolade-Ha-
selnuss-Mus – nur als Trinkschokolade.

Natürlich ließ die heiße Schokolade die Kirche der damaligen Zeit nicht kalt. Man stritt sich lange darüber, ob der Kakao als Genussmittel die Fastenzeit breche, oder auf Grund seiner Nahrhaftigkeit – wie Bier oder Wein – als Getränk auch in der entbehrungsreichen Zeit genossen werden dürfe. Zum Glück entschied sich eine Reihe von Päpsten für die Schokolade – sodass man sich auch weiterhin ungestraft während der Fastenzeit an flüssiger Schokolade laben durfte.

Kakao als Arznei

Kakao war jedoch gegenüber Kaffee oder Tee sehr kompliziert und aufwändig in der Herstellung und zudem aufgrund seines hohen Fettanteils schnell verderblich. Sicher zwei Gründe, warum der Kakao trotz der Auflösung des spanischen Marktmonopols teuer blieb.

Bis in die Anfänge des 19. Jahrhunderts hinein genoss man den Kakao deshalb immer noch fast nur in gut situierten Kreisen. In Deutschland oder in der Schweiz galten Kakaoerzeugnisse als Heil- und Stärkungsmittel. Diese bekam man als vorgefertigte Stücke zum Auflösen ausschließlich in Apotheken.

Erst mit der beginnenden Industrialisierung wurde Kakao erschwinglich. Man entwickelte mechanische Verfahren, bei denen durch Erwärmen das Fett von der übrigen Kakaomasse getrennt wurde. Mit Dampfmaschinen konnte unter hohem Druck das Öl ausgepresst werden. Die ölfreie Substanz wurde in Formen gepresst. Die Grundtechniken der Herstellung fester Schokolade waren damit geschaffen.

Die Neuzeit

Im 19. Jahrhundert wurden viele der noch heute bekannten Schokoladenfabriken vor allem in der Schweiz, in Deutschland, England und Holland gegründet.

Die rührigen Unternehmer entwickelten verschiedene Verfahren zur Verarbeitung des kostbaren Rohstoffs, die seine Weiterverarbeitung in Schokolade beziehungsweise in reines Kakaopulver vereinfachten. Die bahnbrechende Erfindung des Milchpulvers von Henri Nestlé im Jahr 1867 war beispielsweise die Voraussetzung für die spätere Entwicklung der Milchschokolade von Daniel Peter.

Die älteste Schokoladenfabrik, die bis heute in Betrieb ist, steht in der Nähe von Vevey in der Schweiz. Sie wurde 1819 von François-Louis Cailler (1796–1852) errichtet, der sich in Turin zum Confiseur hatte ausbilden lassen. Cailler gelang es, einige Prozesse in der Herstellung zu automatisieren, wodurch die Schokolade allmählich erschwinglich wurde.

Berühmte Namen

Schon im Jahre 1815 suchte der Holländer van Houten nach einem Weg ein lösliches Kakaopulver herzustellen. Mit Hilfe einer hydraulischen Presse, die er zum Patent anmeldete, gelang ihm ein Kakaopulver mit sehr geringem Fettanteil. Durch die Behandlung mit Alkalisalzen erreichte er die bessere Löslichkeit der Substanz mit Wasser.

1826 gründete Philippe Suchard im Schweizer Serrières die Schokoladenfabrik Suchard. Auch er entwickelte maschinelle Methoden, um den Kakao besser zu verarbeiten. Sein mé-langeure (Mixer), ein er-

LE TORRÉFACTEUR

MÉLANGEUSE BROYEURS

ATELIERS DE LA MAISON
MASSON.

LA MISE AU MOULE . LA CLAQUETTE

CONFISERIE, PLIAGE . MISE EN PAQUETS

Eine besondere Geschichte: Turiner Spezialitäten

In Turin, der Hauptstadt des Piemont in Italien, wurde schon im 17. Jahrhundert Schokolade in fester Form produziert. Diablottini hießen die Schokoladenplättchen, die aussahen wie kleine Münzen. Die Lizenz vergab Madama Reale, die savoyische Regentin, an deren Hof der Kakao von Spanien aus gekommen war. Turin gilt bis heute als die Schokoladen-Stadt Italiens – mit Spezialitäten wie Gianduia oder Gianduiotto. Die Turiner Firma Caffarel, 1826 gegründet, ist eine der ältesten Schokoladenfabriken der Welt. Hier erfand man die berühmte Gianduia – und zwar quasi aus einer Not heraus: Während der napoleonischen Blockade lagen auf Importgütern aus Übersee sehr hohe Zölle, so auch auf Kakao. Um am teuren Rohstoff sparen zu können, streckte man das Kakaopulver mit im Piemont reichlich vorhandenen Haselnüssen. Auf Basis dieser klassischen Gianduia entwickelte der Konditor Ferrero 1940 dann die Nuss-Nougat-Creme „Pasta Gianduia", heute als Nutella bekannt. Dieser Name setzt sich zusammen aus „nut", Englisch für Nuss und der italienischen Verkleinerungssilbe „-ella".

Auch Gianduiotto zählt zu den Turiner Spezialitäten. Ursprünglich enthielt es etwa 30 Prozent Haselnüsse und kein Milchpulver. Es war die erste Schokolade, die in Stanniolpapier verpackt wurde.

wärmtes Granitbecken über dem sich Granitwalzen hin und her bewegen, konnte Kakao optimal mit Zucker vermischen. Diese Methode wird auch heute noch angewendet.

Rudolphe Lindt verdankt die Welt den berühmten zarten Schmelz der Schokolade. Im Jahre 1879 gründete er seine Schokoladenfabrik in Bern und entwickelte die Conche, eine Rührmaschine mit der der Schokolade noch mehr Flüssigkeit entzogen wurde. Durch das über siebzig Stunden lange Conchieren erhielt die Substanz eine bis dahin nicht da gewesene feincremige und zartschmelzende Struktur.

Natürlich hat es neben diesen großen Schokoladenfabrikanten immer auch kleine Manufakturen gegeben, die den Markt mit ihren feinen Kreationen bereichert haben. Mit den unterschiedlichen Geschmackswellen und Moden, die die Schokolade bis in die heutige Zeit erlebte – von süßem, sahnigem, zartbitterem bis herbem Kakaoaroma und verschiedensten aromatischen Zutaten – bescheren kleinere Unternehmen dem Schokoladengenießer ein häufig besonders exklusives Geschmackserlebnis.

Gute Geschichte

Zu Besuch im Schokoladenmuseum

Im wahrsten Sinne des Wortes eintauchen lässt es sich in die Geschichte des Braunen Goldes in den verschiedenen Schokoladenmuseen Europas. Unterhalten werden diese von großen Schokoladenherstellern, die nicht nur die jeweilige Firmenhistorie, son-

dern auch die Kulturgeschichte der Schokolade im Allgemeinen nebst diverser landestypischer Schoko-Attraktionen anschaulich darstellen. Zu den größten Schokoladenmuseen zählt das in Köln:

Schon auf den ersten Schritten gerät man in das Dickicht eines Dschungels, wo Palmen und Bananenstauden nebst duftender Vanillepflanzen die Kakaobäume beschatten und – dem staunenden Besucher – die ungeahnt riesigen Kakaofrüchte präsentieren.

Vom Ursprung des kostbaren Rohstoffes gelangt man in die düsteren Schatzkammern, die mit indianischen Masken, Maya-Skulpturen und mystischen Malereien den alten Kakaokult lebendig werden lassen. Sie wirken so lebendig, dass man vermuten möchte, Montezuma und sein Gefolge in den ausgestellten galeerenartigen Booten herangleiten zu sehen.

Aber natürlich lässt sich hier nicht nur Geschichte atmen: In einer „gläsernen", modernen Schokoladenproduktion werden die Produktionsschritte vom Kakao zur Schokolade anschaulich. Und selbstverständlich kann man letztere auch probieren: am meterhohen, sprudelnden Schokobrunnen.

Schokoladenmuseen in Europa

Schokoladenmuseum Köln, D (www.schokoladenmuseum.de)
Halloren Schokoladenmuseum, D (www.halloren.de)
Musée du cacao et du chocolat, B (www.mucc.be)
Les secrets du chocolat, F (www.musee-du-chocolat.com)
Perugina museo storico, I (www.perugina.it)
Chocolates comes, E (www.chocolatescomes.com)
Museo de la xocolata, E (www.pastisseria.cat)
Zotter, AT (www.zotter.at)

Rohstoff Kakao

Rohkakao: kostbares Gut

Vom Kakao zur Schokolade

Er ist eines dieser Wunder der Natur, der Theobroma cacao, wie der Kakaobaum botanisch bezeichnet wird. Denn seinen Früchten verdanken wir alle Spielarten des Schokoladengenusses – vom flüssigen Trinkkakao über die Tafelschokolade bis hin zur Praline.

In den Früchten verbergen sich die Kakaobohnen: Wer eine dieser so schön anzusehenden kleinen Schatzkammern der Natur aufbricht, kann allerdings zunächst kaum erahnen, dass aus den noch in weißes Fruchtfleisch eingebetteten Samenkernen das „Braune Gold", wie es Jahrhunderte lang genannt wurde, entstehen wird und mit ihm die rund um den Globus so beliebten und besonderen Erlebnisse des Wohlgeschmacks.

Doch von der Bohne bis zum genussfähigen Kakao ist es ein langer Weg. So wie Gold mit Mühe aus der Erde geschürft werden muss, um uns seinen

Glanz zu schenken, muss man sehr viel Mühe und Fingerspitzengefühl aufwenden, um aus der Kakaobohne Schokolade von bester Qualität zu gewinnen.

Für die Qualität der Produkte sind so verschiedene
Faktoren entscheidend: Es beginnt schon beim Anbau und
der Auswahl der richtigen Sorte, denn es gibt verschiedene
Grundtypen bzw. Varietäten des Kakaobaums. Dann müssen aus der Kakaobohne hochwertiges Kakaopulver und
reine Kakaobutter gewonnen werden. Schließlich gilt es, das
Braune Gold zu dem zu veredeln, was Schokoladengenießer rund um den Globus zu schätzen wissen.

Sorgfalt schon beim Anbau

Schon beim Anbau und der Ernte der merk-
würdigen Baumgurken legt man Wert auf eine
besondere Sorgfalt. Sie gedeihen am besten im
tropischen Klimagürtel bis zum 23. Breiten-
grad nördlich und südlich des Äquators. Die
Kakaobäume, die – wie z.B. auch die Colabäu-
me – zur Gattung der Sterkuliengewächse zählen, entwickeln dort schlanke hohe Stämme.

Sie wachsen im Schatten sehr hoher, so
genannter „Mutterbäume" wie Palmen oder
Bananenstauden. Ließe man die Kakaobäume
ungehindert gegen den Himmel streben, wür-
den sie leicht zehn bis 15 Meter hoch.

Um bequemer und wie in Urzeiten schon
vom Boden aus ernten zu können, stutzen die
Plantagenarbeiter sie jedoch auf sechs bis acht
Meter zurück. Denn das Klettern auf diese emp-
findlichen Bäume, die oft auch als „Geschenk
der Götter" bezeichnet werden, verbietet sich
von selbst: Das Holz der glatten, nur etwa 20
Zentimeter dicken Stämme ist viel zu brüchig.

Als eine botanische Besonderheit des Ka-
kaobaumes zählt, dass er seine Blüten direkt
am Stamm bildet: Zudem kann der Theobroma cacao Blüten, unreife und reife Früchte
gleichzeitig entwickeln. Dies ist übrigens einer

der wesentlichen Gründe, weshalb die Indianer Mittelamerikas den Kakaobaum als heilig verehrten.

Bis zu 100000 gelblich-weiße oder rötliche Blüten bildet eine Pflanze im Jahr, allerdings wird nur ein Bruchteil dieser von den Insekten befruchtet. Um die Ernteerträge zu steigern, hat sich überall auf den Plantagen in (West)Afrika, in Mittel- und Südamerika, in der Karibik, in Asien und in Ozeanien die künstliche Bestäubung durch den Menschen durchgesetzt – ein Vorgang übrigens, der eine ruhige Hand beim Auftragen des Blütenstaubs erfordert. Gelingt die Befruchtung, ist bereits nach etwa 14 Tagen die junge Frucht zu erkennen.

Plantagentraum

Louis ist 16 Jahre alt und wohnt mit seinen Eltern in einem kleinen Dorf an der Elfenbeinküste. Abends schaut er sich gerne Actionfilme im Fernsehen an, mit seinen Freunden trifft er sich an der immer gleichen Straßenecke, um etwas zu trinken, eine Zigarette zu rauchen und zu träumen. Denn Louis hat wie viele andere Jugendliche aus diesem Dorf einen Traum: Ein neues Leben ohne die harte Arbeit auf der Kakaoplantage.

Seit Louis 14 Jahre ist, muss er im kleinbäuerlichen Betrieb seines Vaters mit anpacken. Der Lohn ist gering, die Sozialleistungen sind kaum ausreichend. Wie auf Kaffee-, Baumwoll- und Teeplantagen sind auch die Arbeitsbedingungen beim Kakaoanbau hart.

Jeder Handgriff sitzt

Aber Louis klagt nicht. Er hat auch Spaß im Alltag. Bei der Ernte beispielsweise, wenn es darum geht, zwar vorsichtig und mit äußerster Sorgfalt vorzugehen aber dennoch mehr Früchte als sein Freund Ben vom Baum zu holen. Die beiden liefern sich gern einen Wettstreit, jeder will dabei die Nase vorne haben. Die Kakaofrüchte bringt

Louis wie die anderen Arbeiter zum Sammelplatz. Dort muss er sie mit Hilfe von einem Buschmesser aufschlagen. Ein Geschicklichkeitsspiel ist das. Denn die wertvollen Bohnen müssen unbeschädigt bleiben. Sonst meckert der Vorarbeiter.

Eine große Schüssel voll mit Bohnen trägt Louis auf dem Kopf zur Fermentationsanlage. Er schüttet den Inhalt in die obere der stufenförmig angeordneten Fermentationskisten. Aus Schutz vor Verunreinigungen kommen noch Blätter darüber. Louis kennt den Gärungsprozess, der das flüssig gewordene Fruchtfleisch nach unten abfließen lässt. In einigen Tagen wird er mithelfen, die in der oberen Kiste ausgebreiteten Bohnen in eine tiefere umzuschichten.

Ist der Kakao einige Tage später endlich trocken, wird er verpackt. Auch Louis muss große Jutesäcke mit 60 oder 70 Kilogramm Rohkakao füllen und ihn so auf seine weite Reise in die Verarbeitungsländer vorbereiten. Die Säcke kommen auf Lastwagen, die sie zum nächstgelegenen Hafen bringen. Auf dem Seeweg wird der Rohkakao in alle Welt verfrachtet.

Manchmal, wenn Louis so einen Sack befüllt, wird er nachdenklich. Dann nämlich fällt ihm wieder sein Traum ein. Ob er sich nicht auch einmal aufmachen sollte über die Meere? Aber er wird wohl sein Leben lang auf der Plantage bleiben.

Die Heimat des Rohkakaos

Die weltweit größten Kakaoanbauregionen liegen heute auf dem afrikanischen Kontinent. Rund 68 Prozent der Welternte kommt von dort. 19 Prozent des Rohkakaos wird in Asien und Ozeanien angebaut, nur noch 13 Prozent in der Karibik, in Mittel- und in Südamerika.

Damit haben die Ursprungsregionen der Kakaopflanze in Mittel- und in Südamerika längst ihre Vorrangstellung auf dem Weltmarkt an Afrika verloren. Und auch von Südostasien wurden sie bereits in den 1990er-Jahren überholt.

In Afrika selbst hat die Elfenbeinküste eine Vorreiterrolle übernommen, aber auch Ghana, Nigeria und Kamerun sind heute bedeutende Anbauländer. Indonesien mit Java und Sumatra sowie Papua-Neuguinea sind wichtige Kakaoproduzenten in Südostasien und Ozeanien. In Süd- und Mittelamerika haben Brasilien, Ecuador, Kolumbien, Mexiko und Venezuela eine Vorreiterstellung, während in der Karibik Trinidad und die Dominikanische Republik die wichtigsten Produzenten sind.

Die Qualitäten

In Westafrika wächst hauptsächlich die Sorte Forastero (spanisch: Fremdling), auch Konsumkakao genannt.

Dieser Kakaobaum ist weniger krankheitsanfällig als die Edelsorten und deutlich ertragreicher. Allerdings sind seine Aromen flacher und teilweise sogar bitter, was in der Herstellung von Schokolade dazu führt, dass viel Zucker und Milchpulver beigefügt werden müssen. Aus Forastero gewinnt man so alle preiswerten Kakao- und Schokoladenprodukte. Einzige Ausnahme: Der ausschließlich in Ecuador angebaute Nacional gilt als hocharomatischer Edelkakao unter den Forasteros. Sehr bekannt ist hier auch die Sorte Arriba.

Criollo – der beste Kakao

Edelsorten dagegen sind Grundlage für hochwertige Gourmetschokolade und edle Pralinenkreationen. Die feinste aller Kakaosorten heißt Criollo (spanisch: die Edle); sie macht weniger als ein Prozent der Welternte aus. Criollo wächst hauptsächlich in Venezuela (berühmtes Anbaugebiet ist der Maracaibo-See) und in den angrenzenden Gebieten Kolumbiens.

Beim Criollo unterscheidet der Fachmann noch weitere Unterarten wie Ocumare – eine Kreuzung mit der Sorte Trinitario – oder Chuao,

der an der Küste Venezuelas wächst. So aromatisch diese Criollo-Sorten auch sein mögen – sie
werden noch einmal übertroffen: Von der seltenen
und sündhaft teuren Porcelana, die als beste
Kakaosorte der Welt bezeichnet wird.

Die Kreuzung: der Trinitario

Zwischen dem einfachen Forastero und dem edlen Criollo ist die dritte bedeutende Kakaosorte
angesiedelt: Trinitario. Sie entstand nach einem
Hurrikan auf Trinidad in der Karibik.

Als dort eine Criollo-Plantage zerstört und
von den Arbeitern neu mit Forastero bepflanzt
wurde, kreuzten sich die beiden Sorten. Es entstand Trinitario, der sich einerseits deutlich ertragreicher als Criollo zeigt, andererseits aber
erheblich mehr Geschmack als Forastero aufweist.

Der Nährwert der Kakaobohne

Die Kakaobohne hat durch den Kakaobutteranteil einen hohen Fettgehalt bis zu
55 Prozent. Etwa 11 bis 14 Prozent Eiweiß sind enthalten, außerdem bis zu 9 Pro-
zent Zellulose, 7,5 Prozent Stärke, 6 Prozent Gerbstoffe, 2,6 Prozent Mineralstoffe und 5 Prozent Wasser. Aus Sicht von Ernährungswissenschaftlern ist der
Nährwert der Kakaobohnen aufgrund des hohen Kakaobutter-, Eiweiß-, Koh-
lenhydrat- und Mineralstoffanteils recht hoch.

Arbeiten wie zur Urzeit

Auch wenn der Kakaobaum das ganze Jahr über blüht und fruchtet, erstreckt sich die Ernte meist auf den Zeitraum zwischen Oktober und März, in dem etwa 80 Prozent der Kakaowelternte eingebracht wird. In Afrika, wo sich ausgeprägte Regen- und Trockenzeiten abwechseln, beginnt die Haupternte gewöhnlich zum Ende der Regenzeit und dauert dann bis in die erste Periode der Trockenzeit. Eine zweite kleinere Ernte kann noch zu Anfang der darauf folgenden Regenzeit stattfinden, wobei das Trocknen der Bohnen durch die Nässe erschwert wird.

Um an die Kakaobohnen zu kommen, müssen die Arbeiter die knapp melonengroßen, gelb, gelbrot und rotbraun violett gefärbten Früchte mühsam von den Ästen schneiden. Dazu benutzen sie wie früher schon die Azteken Macheten und lange, mit riesigen Messern bestückte Bam-

busstangen. Die Schnittstellen am Baum werden anschließend versiegelt, damit sich neue Blüten bilden können.

Ein Baum liefert ungefähr 20 bis 50 Früchte pro Jahr und ist zwischen dem 10. und 40. Jahr am ertragreichsten. In jeder Kakaofrucht wiederum stecken – umgeben von süßlichem etwas nach Litschis schmeckendem weißlichem Fruchtfleisch – 25 bis 50 eiförmige Samen in länglichen Fünferreihen angeordnet: die Kakaobohnen. In diesem Zustand sind sie zwar etwas blässlich und noch ohne Geruch. Doch ist in ihrem Kern schon alles enthalten, was eine Kakaobohne braucht, um später zu Kakaomasse bzw. Schokolade zu werden.

Die Fermentation

Nach der Ernte beginnt die so genannte Fermentation. Die Arbeiter schlagen die Früchte auf, entfernen grob das Fruchtfleisch von den Kakaobohnen und häufeln diese dann zwischen Bananenblättern oder in Holzkisten auf.

In der tropischen Hitze mit Temperaturen bis zu 50 Grad Celsius setzt sofort ein Gärungsprozess ein. Das den Bohnen noch anhaftende Fruchtfleisch verflüssigt sich und fließt nach unten. Der ursprünglich bitter-herbe Geschmack schwächt sich deutlich ab. Die weiß-gelblichen Bohnen entwickeln nun ihre Aromavorstufen.

In einem zweiten Schritt reifen die Bohnen durch das Trocknen weiter – dies besorgt in den meisten Anbauländern die heiße Äquatorsonne. Auf riesigen Trockenböden werden die Kakaobohnen unter freiem Himmel in einer fünf bis zehn Zentimeter dicken Schicht ausgebreitet, immer wieder gewendet und ausgelesen. Verschiebbare Dächer schützen oftmals vor unerwarteten Regengüssen. Allmählich lockert die Sonne jedoch das innere Gefüge der Kakao-

bohne. Der Kern wird porös und der Geschmack der jeweiligen Sorte tritt immer deutlicher zutage. In Südostasien werden wegen der hohen Luftfeuchtigkeit beheizte Trockenkessel eingesetzt.

Nach dem Trocknen ist der Rohkakao bereit für den Export. In Säcken wird die Ware in alle Welt verschifft. Sie tragen Herkunftsbezeichnungen wie „Good fermented Ghana", „Fine estated Grenada" oder „Plantation Trinidad". Inzwischen haben manchmal Transportcontainer die guten alten Jutesäcke abgelöst. Dann spricht man von „Bulk-Ware".

Bereits im Anbauland wird in der Regel mit der Qualitätskontrolle der Rohware begonnen. Aus zahlreichen Säcken entnimmt man Stichproben und analysiert die Qualität. Form, Farbe und Größe werden begutachtet. Der Schnitttest gibt Aufschluss über die ordnungsgemäße Fermentation und damit auch über die jeweiligen Aromastufen.

Handel mit dem Braunen Gold

Telefone klingeln, immer neue Daten kommen von den Terminbörsen herein. Bei den Maklern für Kakao laufen die Drähte heiß: In London, New York und Paris wird der Rohkakao lange vor der Ernte gehandelt: kaufen, halten, verkaufen. Das Geschäft mit dem Braunen Gold ist nicht anders als das mit Kaffee, Gold oder Öl. So sind die dunklen

Bohnen nicht nur Basis für ein schmackhaftes Genussmittel, sondern genau wie andere Rohstoffe ein Speku-
lationsobjekt der internationalen Finanzszene.

Der Preis für Rohkakao regelt sich im Prinzip
durch Angebot und Nachfrage, kann aber durch unkal-
kulierbare Witterungseinflüsse, durch Schädlingsbefall,
Streik, durch wirtschaftliche oder politische Entwick-
lungen starken Schwankungen unterliegen. Da helfen
alle Bemühungen um Stabilität nichts. Spürbare Aus-
wirkungen auf den Schokoladenpreis haben diese Preis-
kapriolen kaum, denn Kakao bestimmt die Produk-
tionskosten nur zu einem kleinen Teil. Andere Grund-
stoffe wie Milch, Zucker, Lohn, Energie, Verpackung
und Transport spielen eine ebenso wichtige Rolle.

Wie auch bei anderen Rohstoffen machen nicht
immer die Kakaoländer das beste Geschäft mit ihren
Bohnen. Die Veredelung und damit ein großer Teil der
Wertschöpfung findet in den Herstellungsländern statt,
allen voran in Europa und den Vereinigten Staaten.

Fair produziert und gehandelt

Kleinere, engagierte Unternehmen bieten inzwischen nicht nur Kakaoprodukte aus fai-
rem Handel – einige unterstützen zudem auch Kleinbauerninitiativen oder lokale
Kooperativen dabei, ihren Kakao selbst weiterzuverarbeiten. Zu diesen Firmen zählt
z.B. Bouga Cacao, die dann die vor Ort produzierten Kakaowaren in Europa vermarkten und so effektiv zur Stärkung der Wirtschaft in den Anbauländern beitragen.

Kakaopulver & -butter

Der lange Weg zur Schokolade

Schokolade herzustellen ist eine Kunst. Darüber sind sich die Fachleute einig, ganz egal ob sie in Südamerika, in den Vereinigten Staaten oder in Europa süße Verführungen produzieren.

Die kleinen, meist sehr feinen Manufakturen überall auf der Welt zelebrieren ihr Handwerk vielleicht ein bisschen liebevoller als die großen Foodkonzerne. Aber auch diese gehen – trotz der riesigen Mengen an Schokolade, die in diesen Unternehmen von den Bändern laufen – pedantisch genau mit den Zutaten um.

Sauberkeit, Umsicht und Gefühl sind unabdingbar im Umgang mit Lebensmitteln und besonders mit Kakao. Das wissen wir spätestens, seit Juliette Binoche im Film „Chocolat" mit ihrer Chocolaterie ein ganzes Dorf verzauberte. Sie ließ uns ahnen, was es heißt, gute Schokolade zu produzieren.

Die Qualität des Rohkakaos

Wenn der Rohkakao in großen Jutesäcken in die Schokoladenfabriken und Chocolaterien gekarrt wird, landet er erst einmal in Lagerhallen und anderen klimatisierten Räumen. Bis zu einem Jahr liegt er dort. Diese Vorratshaltung schützt die Produzenten vor unvorhersehbaren Schwankungen der Weltmarktpreise und soll eine kontinuierliche Qualität der Produkte garantieren.

Zuerst allerdings kommt ein Kontrolleur, der die Qualität des Kakaos überprüft. Dazu wird ein Edelstahlrohr mit scharfer Spitze in den Jutesack gestoßen und gefüllt mit Kakaobohnen wieder herausgezogen.

Die Anforderungen an das Rohmaterial sind hoch, aber auf einen Nenner zu bringen: Der Kakao muss gesund sein. Das heißt, er wurde einwandfrei fermentiert, getrocknet und weitertransportiert.

In den großen Fabriken werden die Säcke nach ihrer Freigabe häufig aufgeschnitten und die Ware lose in Silos gelagert. Das geschieht natürlich ebenfalls unter kontrollierten Bedingungen: Temperatur, Luftfeuchtigkeit und Belüftung werden regelmäßig unter die Lupe genommen. Das empfindliche Lebensmittel soll um jeden Preis in seinem optimalen Zustand erhalten werden.

Reinigen & Rösten

Bevor der Rohkakao in die Weiterverarbeitung gelangt, wird er zunächst einem sorgfältigen Reinigungsprozess unterworfen, denn die Reinheit des Kakaos ist ein entscheidender Qualitätsfaktor für die spätere Verwendung.

Die Bohnen kommen in spezielle technische Anlagen mit stark saugenden Luftströmen, Sieben, Bürsten und Magneten. Kleine Steine, Nägel, Holzteile und Jutefasern werden dabei entfernt. Im Anschluss ermitteln Experten sofort die messbaren Werte wie Fettgehalt oder Wasseranteil.

Das Geheimnis eines jeden Schokoladenprodukts liegt unter anderem in der Röstung, die als nächster Verarbeitungsschritt ansteht. Damit der Kakao später gemahlen und zu einer buttrigen Masse vermengt werden kann, müssen die Bohnen bei 130 bis 150 Grad bis zu etwa einer halben Stunde lang erhitzt werden.

Geröstet wird übrigens streng nach Sorten getrennt, weil jede Sorte eine andere Reaktionstemperatur benötigt. Der Konsumkakao Forastero wird so in aller Regel höher erhitzt als Edelkakaosorten wie Criollo. Das Rösten senkt den Wassergehalt der Bohnen weiter ab und sorgt dafür, dass sich ihre Aromen intensiv entfalten. Dabei verändert sich auch die Farbe des Kakaos.

Entweder werden die ganzen Bohnen geröstet, und die harten Schalen lassen sich danach leicht von den Kernen lösen; manchmal werden die Bohnen auch geschält, zerkleinert und erst dann geröstet. Die technischen Verfahren sind recht unterschiedlich. Bei diesem Vorgang entwickelt sich übrigens auch das endgültige Schokoladenbraun.

Klassische Kugelröster gibt es fast nur noch in kleinen Betrieben. Moderne Röstanlagen sind computergesteuert und brauchen keinen „Röstmeister" mehr, der den heiklen Vorgang akribisch genau mit den Augen verfolgt. Das Rösten von Kakao ist indessen mit dem von Kaffee vergleichbar, nur wird der Kakao länger und bei niedrigerer Temperatur erhitzt. Im Piemont soll es einen Pralinenhersteller geben, der sogar verfeuertes Olivenholz zum Rösten verwendet. Damit soll noch mehr Aroma erreicht werden.

Brechen & Mahlen der Bohnen

Sobald die gerösteten Bohnen ausgekühlt sind, werden sie mit Walzen geknackt. Dabei lösen sich die unbrauchbaren Schalen von den Kernen und können leicht mit Gebläseanlagen weggepustet werden. Übrig bleibt der Kakaokernbruch, in der Fachsprache „Nibs" genannt, der in groben Stücken aus den Anlagen rieselt.

Von Schokolade ist bisher noch immer nicht die Rede. Die klein gehackten Kerne sind zwar genießbar, schmecken aber sehr herb und haben vor allem keinen Schmelz.

Jetzt ist noch einmal eine Qualitätsprüfung notwendig, damit auch die kleinsten Verunreinigungen festgestellt und ausgeschlossen werden können. Kakaokernbruch muss übrigens mehr als 50 Prozent Fettgehalt aufweisen, darf aber nicht mehr als drei Prozent Feuchtigkeit und zwei Prozent Fremdbestandteile, also zum Beispiel Schalen und Samenhäutchen, enthalten.

Kakaomasse entsteht

Der Kakaobruch muss gemahlen werden, um ihn in seine beiden Bestandteile, Kakaobutter und Pulver, trennen zu

können. Spezielle Mühlen oder Walzen zerkleinern die Kerne. Dabei wird das Zellgewebe zerstört und das in den Bohnen enthaltene Fett, die Kakaobutter, freigesetzt.

Da beim Mahlen der Kerne Wärme entsteht, schmilzt die Kakaobutter und umhüllt die Zellpartikel sowie die Eiweiß- und Stärketeilchen. Es entsteht endlich eine leuchtendbraune und wunderbar duftende Kakaomasse, die Vorstufe zur Schokolade. Sie wird aus den Mühlen abgepumpt, in beheizte Tanks gefüllt und bis zur Weiterverarbeitung in Bewegung gehalten. Wenn sie abkühlt, erstarrt sie.

Kakaopulver und Kakaobutter

In der Kakaomasse sind sowohl Kakaobutter als auch Kakaopulver enthalten. Für viele Produkte aber werden beide Komponenten getrennt voneinander benötigt.

Um Kakaopulver und Butter voneinander zu trennen, wird der Kakaomasse das wertvolle Fett entzogen. Früher geschah das durch einfaches Auskochen der Kerne, wobei das Fett an die Oberfläche stieg und sich nach dem Erkalten als Kuchen abnehmen ließ.

Heute wird der Kakaobrei auf 80 bis 90 Grad erhitzt und dann in eine hydraulische Presse gefüllt. Sie presst mit hohem Druck die blassgelbe Kakaobutter durch mikroskopisch feine Löcher in Siebanlagen aus Edelstahl ab. Dort wird sie aufgefangen und kann dann entweder flüssig gehandelt oder zu Blöcken geformt und gelagert werden.

Nach dem Auspressen verbleibt von der Kakaomasse der so genannte Kakaopresskuchen, der dann zu Pulver zerrieben wird.

Auch an die Qualität des Kakaopulvers stellt die Lebensmittelindustrie hohe Anforderungen. Nur wenn Farbe und Geschmack gleichbleibend gut sind, genügt es den Ansprüchen. Es gibt etwa 60 verschiedene Kakaopulvertypen. Sie sind mild bis herb, hell und rotbraun bis tiefdunkel, fast schwarz. Zur Weiterverarbeitung wird das Pulver in Papiersäcke verpackt und auf den Weg in die entsprechenden Firmen gebracht.

Kakaobutter hat eine fast unbegrenzte Haltbarkeit. Vor allem in der in den vergangenen Jahren immer beliebteren Milchschokolade ist sehr viel Kakaobutter enthalten. Sie ist verantwortlich für den guten Schmelz und für den harten Bruch der Schokolade. So etwas Wertvolles hat natürlich seinen Preis, was zum Teil zur Suche nach Ersatzstoffen geführt hat. Für weiße Schokolade werden sogar nur Kakaobutter, Zucker und Milch vermischt – sie kommt nämlich ganz ohne Kakaopulver aus.

Schokolade: ein wichtiger Wirtschaftszweig

Die wichtigsten Herstellerländer für Schokolade und Kakaoprodukte sind seit jeher die Industrienationen in Europa und Nordamerika. Bis vor wenigen Jahren fand die Verarbeitung des Rohkakaos, also die Herstellung von Kakaopulver und Kakaobutter, ausschließlich in diesen westlichen Produktionsländern statt. Durch die Förderung der Dritte-Welt-Länder, zu denen die Anbauländer von Kakao gehören, wurde auch die Rohkakaoverarbeitung zunehmend dorthin verlagert. Die größten Kakaoverarbeiter und Schokoladenhersteller sind ADM Cocoa mit Hauptsitz in den USA und Barry Callebaut, der in der Schweiz beheimatet ist. Nirgendwo sonst werden so viele Kakaobohnen verarbeitet wie bei diesen beiden Konzernen – durchschnittlich 1,4 Millionen Kilogramm Bohnen pro Tag und Unternehmen.

Hergestellt werden in erster Linie so genannte Halbfertigprodukte wie zum Beispiel Kakaopulver, Kakaomassen, Kuvertüre und Kakaobutter. Die Konzerne liefern diese an Schokoladenfabriken rund um den Globus. Anders als man vielleicht annehmen könnte, stellen also viele große Schokoladenfabriken und kleine Chocolatiers ihr Grundprodukt nicht selbst her. Ist dies dennoch der Fall, spricht man von Unternehmen, die von der „Bohne an" erzeugen. Aber auch ADM Cocoa und Barry Callebaut vermarkten selbst Kakao und Schokolade. Zu diesen gehören beispielsweise auch die Unternehmen Van Houten oder Stollwerk mit der Marke Sarotti. Weitere große Konzerne im Verbund der weltweiten Kakaoverarbeiter sind Cargill (USA), Nestlé (Schweiz) und Blommer (USA).

Die Fachbegriffe

Genormte Begriffe

Genaue Produktbezeichnungen

Schokolade ist in unglaublich vielen Formen am Markt –
und die Bezeichnungen der Produkte und die Fachbegriffe
sind entsprechend vielfältig. Was innerhalb der Europäischen Union wie genannt werden darf, schreibt
die „Richtlinie 2000/36/EG des europäischen
Parlaments und des Rates vom 23. Juni 2000
über Kakao- und Schokoladenerzeugnisse für
die menschliche Ernährung" genau vor. Doch
darüber hinaus gibt es zahlreiche Besonderheiten in den verschiedenen Ländern.

Die Grundbegriffe

Grundsätzlich muss man zunächst die beiden
Produkte unterscheiden, die aus der Kakaobohne gewonnen werden. Es sind dies:

— KAKAOBUTTER: So wird das hell-gelb-
liche Fett bezeichnet, das durch die Pres-
sung aus den Kakaobohnen gewonnen
wird.

■ KAKAOPULVER/KAKAO: Dies sind Erzeugnisse aus zu Pulver verarbeiteten, gereinigten, geschälten und gerösteten Kakaobohnen, die mindestens 20 % Kakaobutter und höchstens 9 % Wasser enthalten. Eine Besonderheit stellt fettarmer Kakao mit weniger als 20 % Kakaobutter dar. Die beiden wichtigsten Produkte, die man aus Kakaopulver herstellt, sind Schokoladenpulver mit mindestens 32 % und Trinkschokoladenpulver mit mindestens 25 % Kakaopulveranteil.

Alle Schokoladenerzeugnisse werden entweder aus Kakaobutter oder -pulver beziehungsweise aus einer Mischung der beiden hergestellt.

Die Schokoladenarten

Während für den Verbraucher der Geschmack und die Verwendung der Schokoladenerzeugnisse – wie z.B. Schokoladentafeln oder Trinkschokolade – im Vordergrund stehen, unterscheiden Fachleute die Produkte vor allem in Bezug auf die Inhaltsstoffe.

■ SCHOKOLADE: Dies ist in der EU der Oberbegriff für Produkte aus Kakaoerzeugnissen und Zuckerarten, die mindestens 35 % Kakaobestandteile, davon mindestens 18 % Kakaobutter und mindestens 14 % entölte Kakaotrockenmasse enthalten. Bei Streuseln oder Flocken darf es geringfügig weniger sein. Je nachdem, welche Namenszusätze verwendet werden, müssen die Produkte weiteren Kriterien entsprechen:

- MILCHSCHOKOLADE: Diese Schokoladen müssen mindestens 25 % Gesamtkakaotrockenmasse und einen Gesamtmilchtrockenmasse-Anteil von mindestens 14 % aufweisen. Wichtig sind auch die Fettanteile: Der Gesamtfettgehalt liegt über 25 %, wobei die verwendeten Milchprodukte mindestens 3,5 % Milchfett enthalten.

- SAHNESCHOKOLADE: Sie unterscheidet sich von der Milchschokolade durch die Verwendung von Milchprodukten mit mehr als 5,5 % Milchfett.

- GEFÜLLTE SCHOKOLADE: Um als Schokolade bezeichnet werden zu dürfen, müssen die Produkte zumindest aus 25 % Schokolade bestehen.

Deutsche Zusatzbezeichnungen

Im deutschsprachigen Raum kennt man noch weitere Klassifizierungen von Schokoladen:

- VOLLMILCHSCHOKOLADE: mindestens 30 % Kakaoanteile sowie mindestens 18 % Milchanteile mit mehr als 4,5 % Fett.
- EDLE-/FEINE SCHOKOLADE: mindestens 43 % Kakaoanteile bei mindestens 26 % Kakaobutter.
- ZART-/HALBBITTERSCHOKOLADE: mindestens 50 % Kakaoanteile bei mindestens 18 % Kakaobutter.
- BITTERSCHOKOLADE: mindestens 60 % Kakaoanteile bei mindestens 18 % Kakaobutter.

- HAUSHALTSMILCHSCHOKOLADE: Diese Bezeichnung signalisiert, dass das Produkt weniger Kakaoanteile enthält. Es müssen aber immer noch mindestens 20 % sein. Gleiches gilt für den Milchanteil. Der Gesamtfettgehalt weist mindestens 25 % auf, der Fettanteil der Milch mindestens 5 %.

- WEISSE SCHOKOLADE: Diese Schokoladenerzeugnisse bestehen aus mindestens 20 % Kakaobutter, 14 % Milch oder Milcherzeugnissen sowie Zucker. Der Fettgehalt liegt über 20 %, der der Milch weist mindestens 3,5 % auf.

- MAGERMILCHSCHOKOLADE: Diese Erzeugnisse dürfen nicht mehr als 1 % Prozent Milchfett beinhalten.

In den einzelnen Ländern gibt es zum Teil ergänzende oder weiterführende Bestimmungen, die auf unterschiedliche Traditionen zurückzuführen sind. So gelten z.B. in Großbritannien andere Vorschriften für Milchschokolade. Dort darf „milk chocolate" weniger Kakao enthalten; dafür muss dessen Anteil auf der Verpackung genau ausgewiesen werden („milk solids: … % minimum"). Und für die spanische Chocolate a la taza bzw. familiar a la taza, die Mehl oder Stärke beinhaltet, gelten ebenfalls Sonderbestimmungen.

Kuvertüre

Als Kuvertüre (französisch: Couverture) bezeichnet man eine Schokoladenmasse mit höherem Kakaobutteranteil für die Verwendung in der Küche bzw. die Herstellung von Pralinen und Schokoladenkreationen. Hier gelten andere Bestimmungen als für die Trink- oder Essschokolade. Man unterscheidet:

- SCHOKOLADENKUVERTÜRE: (dunkle Kuvertüre) Diese muss mindestens 35 % Kakaoanteile bei 31 % Kakaobutter enthalten.

- VOLLMILCHKUVERTÜRE: Im Gegensatz zur Schokoladenkuvertüre darf sich der 31 %ige Fettanteil aus Kakaobutter und Milchfett zusammensetzen.

- WEISSE KUVERTÜRE: Für weiße Kuvertüre gelten die gleichen Vorgaben wie für weiße Schokolade, also mindestens 20 % Kakaobutter und 14 % Milch oder Milcherzeugnisse.

Auch hier gelten wieder Sonderbestimmungen, wie zum Beispiel für die italienische Gianduia-Haselnuss-Kuvertüre, die je 100 g nicht weniger als 20 und nicht mehr als 40 g fein gemahlene Haselnüsse enthalten darf.

Nicht genormt ist der Begriff „Blockschokolade". Darunter versteht man eine Schokolade mit einem Zuckeranteil von 50 bis 60 % und einem Kakaobutteranteil von ca. 20 bis 25 %. Sie wird in der Küche verwendet, aber anders als die Kuvertüre eignet sie sich nicht zum Überziehen – beispielsweise von Pralinen.

Gebräuchlich sind in der Küche zudem „fetthaltige Glasuren", die leichter als Kuvertüre zu verarbeiten sind, aber keine Schokoladenqualität liefern.

Praline

Als Praline gilt in der EU ein Schokoladenprodukt in mundgerechter Größe mit mindestens 25 % Schokoladenanteil. Die verwendete Schokolade muss dabei den oben genannten Bestimmungen entsprechen. Einen anderen genormten Begriff wie etwa für entsprechende Produkte mit geringerem Kakaoanteil gibt es nicht.

Inhaltsvorgaben der EU

Art	Kakaoanteil	Kakaobutter	Milchprodukte	Milchfett
Schokolade	mind. 35 %	mind. 18 %	–	–
Milchschokolade	mind. 25 %	–	mind. 14 %	mind. 3,5 %
Sahneschokolade	mind. 25 %	–	mind. 14 %	mind. 5,5 %
Haushaltsmilchschokolade	mind. 20 %	–	mind. 20 %	mind. 5 %
Weiße Schokolade	–	mind. 20 %	mind. 14 %	mind. 3,5 %
Magermilchschokolade	mind. 25 %	–	mind. 14 %	max. 1 %
Schokoladenkuvertüre	mind. 35 %	mind. 31 %	–	–

Wichtige Begriffe

ABGANG: Aus der Weinfachsprache entnommener Begriff, der das Ausklingen des Schokoladengeschmacks im Mund beschreibt. Bei guter Schokolade sollte er lang anhaltend sein; je höher der Kakaoanteil in der Schokolade, desto länger der Abgang.

AROMA: Aus dem Griechischen von „ároma" = Gewürz, Duft, Parfum. Bezeichnet im Lebensmittelbereich die Verbindung von Geruchs- und Geschmackswahrnehmung.

AROMASTOFFE: hier: Lebensmittel-Zusatzstoffe, die sich grob einteilen lassen in „natürliche" (aus natürlichen Grundstoffen erzeugt), „naturidentische" (mit natürlichen Aromastoffen chemisch identisch, aber nicht unbedingt geschmacksgleich) oder „künstliche" (synthetisch erzeugte, den Original-Aromen nachempfunden).

ARRIBA: Einzige Forastero-Edelkakaosorte; gilt als besonders aromatisch und weist an ▶ Criollo erinnernde Merkmale auf.

BLOCKSCHOKOLADE: Schokolade ohne Qualitätsnorm, auch als Haushaltsschokolade bezeichnet.

CANACHE: Andere Bezeichnung für ▶ Ganache.

CHOCOLATE A LA TAZA: Spanische Trinkschokolade, die sich durch den Zusatz von Weizen-, Reis- oder Maisstärke auszeichnet. Dadurch erhält die zubereitete Trinkschokolade eine dickflüssige Konsistenz. Eine weitere Form ist die Chocolate familiar a la taza mit einem geringeren Kakaotrockenmasse- und einem höheren Stärkeanteil.

CONCHIERMASCHINE: Kurz auch Conche genannt; leitet sich vom spanischen Wort für Muschel (concha) ab und bezieht sich auf die ursprünglich muschelartige Form der Maschinen.

CONCHIEREN: Von Rudolphe Lindt 1879 entwickeltes Verfahren zum Verfeinern von Schokolade. Die Masse wird in der ▶ Conche bewegt und belüftet und erhält so einen zarten Schmelz (siehe S. 149).

CRIOLLO: Sehr selten angebaute und sehr teure ▶ Edelkakaosorte, vorwiegend in Venezuela beheimatet. Wird aufgrund der

intensiven Aromen auch als Würzkakao bezeichnet. Bekannte Untersorten sind z.B. Porcelana, Chuao, Ocumare und Guasare (siehe S. 77).

EDELKAKAO: ▶ Criollo- und ▶ Trinitario-Kakaosorten werden aufgrund ihrer Hochwertigkeit als Edelkakaos bezeichnet. Es handelt sich um seltene, entsprechend teure Sorten, die sich vor allem auch durch besondere Aromen auszeichnen (siehe S. 77).

FERMENTATION: Gärprozess, bei dem die Samenkerne (Bohnen) und das Fruchtfleisch der Kakaofrucht für mehrere Tage zwischen große Blätter (klassische Methode) oder in Behälter wie Körbe, Fässer oder Holzkisten gegeben werden. Bei der Fermentation entsteht Wärme (ca. 45 bis 50 °C), es findet ein biochemischer Prozess statt, bei dem sich u.a. Aromavorstufen in den Bohnen entwickeln (siehe S. 81).

FONDANT: Feinkristalline, zähweiche Masse aus Zucker und Glukosesirup mit auf der Zunge leicht zergehender Konsistenz und zartem Schmelz. Wird als Pralinen- oder Schokoladenfüllung genutzt, oft auch unterschiedlich aromatisiert. Aus Fondant werden zudem auch glasierte oder mit Schokolade überzogene Zuckerwaren hergestellt.

FONDENTE: Italienische Bezeichnung für bittere/dunkle Schokolade.

FORASTERO: Sehr ertragreiche und widerstandsfähige Kakaosorte. Wird auch als ▶ Konsumkakao bezeichnet, da sie rund 90 % der Welternte ausmacht. Gilt als weniger aromatisch als ▶ Edelkakaos. Sehr verbreitet ist die Untersorte Amelonado, als eine der besten Sorten gilt ▶ Arriba mit ausgeprägtem Aroma.

GANACHE: Aus ▶ Kuvertüre, Sahne oder/und Butter hergestellte cremige Masse, die unterschiedlich aromatisiert sein kann. Je nach Rezeptur von weicher, fließender bis fester, schnittfester Konsistenz. Wird zum Füllen von ▶ Pralinen oder Torten verwendet.

GIANDUIA: (auch Gianduja) Italienische Variante des ▶ Nougats (siehe S. 64).

INSTANT-KAKAO: Leicht lösliches kakaohaltiges Getränkepulver; häufig mit hohem Zucker- und niedrigem Kakaogehalt; aber auch mit hohem und hochwertigen Kakaoanteil erhältlich (siehe S. 127).

KAKAOBOHNE: Samenkern der Kakaofrucht, aus dem ▶ Kakaopulver und ▶ Kakaomasse gewonnen werden (siehe S. 77).

KAKAOBUTTER: Das wertvolle Fett der Kakaobohne; mit seiner gelblichen Farbe ähnelt sie optisch der Tafelbutter, ist aber härter (siehe S. 90).

KAKAOGLASUR: Auch als Fett- oder Kuchenglasur bezeichnete schokoladenähnliche Masse zum Überziehen von Backwaren. Enthält meist verschiedene Fette und nur einen geringen Anteil ▶ Kakaopulver. Einfacher zu verarbeiten als ▶ Kuvertüre, aber keinesfalls mit dieser zu verwechseln.

KAKAOKERNBRUCH: Von den Schalen befreite, zerkleinerte ▶ Kakaobohnen.

KAKAOMASSE: Das Mahlen und ggfs. auch Walzen des Kakaokernbruchs erzeugt Wärme, die die in den Bohnen enthaltene Kakaobutter verflüssigt und so die dickflüssige, dunkelbraune Kakaomasse entstehen lässt (siehe S. 89).

KAKAOPRESSKUCHEN: Entsteht beim Abpressen der Kakaobutter aus der Kakaomasse, enthält noch 10–20 % Fett (siehe S. 90).

KAKAOPULVER: Entsteht durch das Vermahlen und Sieben des ▶ Kakaopresskuchens und dient als Grundstoff für Kakaogetränke und kakaohaltige Zuckerwaren. Enthält höchstens 20 % ▶ Kakaobutter (siehe S. 91).

KOHLEHYDRATE: Wichtige Gruppe organischer Verbindungen aus Kohlenstoff, Sauerstoff und Wasserstoff.

KONFEKT: Unterschiedliche Süßwaren in Bissengröße. Bei einem Schokoladenanteil von mindestens 25 % ▶ Praline genannt.

KONSUMKAKAO: Hauptmenge der weltweiten Rohkakaoproduktion; ▶ Forastero-Sorten.

KROKANT: Zuckerware aus Nüssen, Mandeln und karamellisiertem Zucker.

KUVERTÜRE: Schokolade mit besonders hohem ▶ Kakaobutteranteil, die sich besonders gut zum Überziehen von ▶ Pralinen und Gebäck eignet (siehe S. 70).

LECITHIN: Wird u.a. bei der Herstellung von Pflanzenölen gewonnen. Sorgt als so genannter Emulgator dafür, dass sich bei der Schokoladenherstellung Zucker und Kakao gleichmäßig in der ▶ Kakaobutter verteilen. Die Süßwarenindustrie verarbeitet ausschließlich pflanzliche Lecithine.

LUFT-SCHOKOLADE: Schokolade, die durch Einarbeiten kleiner Luftblasen eine schaumartige Struktur erhält.

MAGERMILCH-SCHOKOLADE: Schokolade mit Zusatz von entrahmter Milch, die max. 1% Milchfett enthält.

MARZIPAN: Aus Marzipanrohmasse (Zubereitung aus süßen Mandeln/Mandelöl, Zucker und Feuchtigkeit) und Puderzucker hergestellte Zuckerware.

MILCHPULVER: Milchtrockenmasse, die aus Milch gewonnen wird, und der man fast vollständig das Wasser entzieht (siehe S. 166).

MILCHSCHOKOLADE: Schokolade, die unter anderem mindestens 14% Milchtrockenmasse und 3,5% Milchfett enthält.

MISCHUNG: Die Hersteller-spezifische Zusammenstellung verschiedener Kakaosorten zur Herstellung von Schokoladen. Manchmal auch als Cuvee bezeichnet. Die Rezepturen sind gut gehütete Firmengeheimnisse.

NACIONAL: Nur in Ecuador angebauter Edelkakao aus der Gruppe der Forasteros, auch als Nacional-Arriba bekannt.

NAPOLITAINS: Kleine Schokoladentäfelchen. In dieser Form werden oft besonders feine Schokoladen angeboten.

NIBS: Andere Bezeichnung für ▶ Kakaokernbruch.

NOUGAT: Zubereitung aus Nougatmasse mit höchstens der halben Gewichtsmenge Zucker.

NOUGATMASSE: Halberzeugnis aus geschälten Nuss- oder Mandelkernen, Zucker, Kakaoerzeugnissen und max. 2 % Feuchtigkeit mit weicher bis schnittfester Konsistenz.

PRALINE: Oberbegriff für Erzeugnisse mit mindestens 25 % Schokoladenanteil in mundgerechter Größe. Dazu zählen solche mit flüssigen, alkoholhaltigen Füllungen, geschichtete (z.B. mit ▶ Krokant, ▶ Nougat, ▶ Marzipan), oder gefüllte (z.B. mit ▶ Ganache oder ▶ Fondant) wie auch Gemische aus Schokolade und z.B. Mandeln oder Nüssen.

RASPELSCHOKOLADE: Geraspelte oder zu Spänen zerkleinerte Schokolade zum Bestreuen von Süßspeisen oder Speiseeis.

RIEGEL: Auch Schokoriegel genannte gefüllte Schokolade oder Zuckerware in geschnit-

tener meist länglicher Form; in der Regel mit Schokolade überzogen. Gibt es mit unterschiedlichen Schichten oder Füllungen.

ROHKAKAO: Fermentierte und getrocknete ▶ Kakaobohnen. In diesem Zustand erreicht der Kakao die Schokoladenfabrik (siehe S. 70).

ROHMASSEN: Halberzeugnisse zur Herstellung von Süßwaren, wie z.B. Marzipanrohmasse und Nougatmasse.

RÖSTEN: Die von den Schalen befreiten ▶ Kakaobohnen werden je nach weiterem Verwendungszweck schwächer oder stärker geröstet. Dies fördert die Enwicklung der Aromen und kommt auch der Bekömmlichkeit des Kakaos zugute (siehe S. 87).

SCHOKOLADENMASSE: Die aus ▶ Kakaomasse, ▶ Kakaobutter, Zucker und Gewürzen während des Herstellungsprozesses entstehende pastenartige Mischung; zudem allgemeine Bezeichnung für fließfähige Schokoladenarten.

SCHOKOLADENPULVER: Auch gezuckertes ▶ Kakaopulver, das z.B. zur Herstellung von Schokoladengetränken verwendet wird. Enthält mind. 32% Kakaopulver.

SCHOKOLADEN-KUVERTÜRE: Dunkle ▶ Kuvertüre mit hohem Kakaoanteil (mindestens 35%) (siehe S. 170).

THEOBROMA-CACAO: Botanischer Name des Kakaobaums.

THEOBROMIN: Im Kakao und so auch in Schokolade enthaltener Stoff mit leicht anregender Wirkung auf den menschlichen Organismus. Zählt wie Koffein zu den Alkaloiden, wirkt aber etwas anders und auch deutlich schwächer als Koffein.

TRINITARIO: ▶ Edelkakaosorte, die aus einer Kreuzung von Criollo mit Forastero entstanden ist und Vorteile beider Sorten vereint (siehe S. 77).

VOLLMILCHSCHOKOLADE: Schokolade mit mind. 18% Milchanteil und 4,5% Milchfett (siehe S. 166).

WEISSE SCHOKOLADE: Streng genommen keine „echte" Schokolade, da sie keine ▶ Kakaomasse enthält. Sie besteht aus ▶ Kakaobutter, Milchbestandteilen, Zucker und meist auch ▶ Aromen (siehe S. 169).

Trinkschokolade

Flüssiges Vergnügen

Erlesener Genuss

Es ist die ursprünglichste Form des Schokoladengenusses: Kakao zu verflüssigen und ihn heiß oder kalt zu trinken. Und es ist einer der schönsten: Denn eine gute Trinkschokolade ist einfach ein köstliches Vergnügen – und hat nur wenig gemein mit dem Instant-Kakao, den vor allem Kinder so lieben.

Die kleine Gemeinde der Liebhaber dieser Delikatesse weiß es schon seit langem: Die Welt der Trinkschokoladen ist nicht nur fein, sondern weitaus vielschichtiger, als uns die Regale der Supermärkte weis machen möchten. Denn neben den bekannten Kakao-Marken mit den bunten Comicfiguren und einem „Quick" auf der Verpackung finden sich erlesene Kakao-Produkte in den Auslagen von Feinkostgeschäften und Chocolaterien.

Vor allem kleinere Schokoladenmanufakturen setzen – genauso wie bei den

Tafelschokoladen oder den Pralinen – auf den Trend zum gehobenen Genuss.

Dank hochwertiger Produkte und raffinierter Rezepturen verstehen sie es, mit einer heißen Schokolade wahre Geschmackserlebnisse zu eröffnen. So bieten die Hersteller hier genau wie bei den Tafelschokoladen Produkte auf Basis verschiedener Kakaosorten an, die sich als ebenso hochwertig erweisen. Grundsätzlich unterscheidet sich also eine Plantagen-Schokolade am Stiel zum Auflösen in heißer Milch qualitativ und auch geschmacklich unwesentlich von einer entsprechenden Sorte in Tafelform.

Und auch Trinkschokoladen-Produkte gibt es inzwischen in verschiedensten aromatisierten Varianten: Gewürz- und Fruchtgeschmack finden sich hier genauso wie Alkoholaromen oder ganz eigenwillige Würz-Mischungen. Die Vielfalt scheint grenzenlos – Klassikern wie Vanille oder Zimt stehen die Exoten wie Ingwer oder Chili gegenüber; für fruchtige Noten sorgen Orangen- oder Zitronenzusätze und als „Neue Wilde" könnten Mischungen wie Hopfen und Malz oder Ginseng-Bergamotte in die Kreativ-Geschichte der Kakaorezepturen eingehen.

Und so wird Trinkschokolade zu mehr als nur einem Getränk: Eine Tasse heiße, edle Schokolade zu verkosten, ist ein Erlebnis, das man regelrecht zelebrieren kann.

Wie bei der Pompadour

Wie einst in den güldenen Gemächern der Madame Pompadour, feiert Trinkschokolade in den modernen Lounges und privaten Wohnzimmern ein magisches Fest. Denn wie die kluge Mätresse des französischen Königs, Ludwig XIV., braut man heute den braunen Kakao-Trank mit Leidenschaft – in bauchigen Kannen mit hölzernem Quirl – und lässt ihn cremig gerührt in feinste Tassen fließen.

Das kunstvolle Porzellan gehörte für die Französin ebenso zu ihrer Passion – sie begründete sogar die französische Porzellanmanufaktur Vincennes-Sèvre – wie die süße Köstlichkeit selbst. Und so servieren auch heute so manche Kakao-Liebhaber ihr Lieblingsgetränk in stilechtem Kakaogeschirr, an dessen eiförmiger Kanne vielleicht eine lustige Harlekinfigur als Griff dient oder silberne Perlen die blütenweißen Tassen schmücken.

Eingehüllt in die duftenden Aroma-Dämpfe von Kakao und köstlicher Vanille, schwelgte die legendäre Geliebte – und kostete behutsam vom süßen Trank. Die Zeit anhalten; mit Muße Kakao-Trinken ist heute wieder in und bedeutet so Wellness und kulinarischen Genuss zugleich.

Der Stil von Montezuma

Doch dass Kakao mehr sein kann, als ein Getränk, wusste man schon Jahrtausende vor der Grande Dame der erlauchten Versailler Gesellschaft. Schon die alten Indianervölker Mittelamerikas verehrten sowohl die Kakaofrucht als auch das daraus gebraute Xocoatl als göttliche Gabe.

In der hoch entwickelten Kultur nutzte man bereits Kannengefäße mit Quirl und trank aus Schalen oder Bechern, die man häufig mit zwei Henkeln und einem Fuß versah. Die kunstvolle Gestaltung der Gefäße und Holzquirle, die mit besonderen Schnitzereien versehen waren, spricht für die hohe Wertschätzung des Kakao-Tranks und seiner Zubereitung.

Einer Legende zufolge soll der Azteken-König Montezuma im alten Mexiko lange auf die Rückkehr des von ihm verehrten Schöpfer-Gottes Quetzalcóatl gewartet haben. Als der spanische Eroberer Herman Cortés am Hof des aztekischen Herrschers erschien, glaubte Montezuma in dem Spanier die besagte Gottheit zu erkennen. Quetzalcóatl soll nämlich – neben seiner Darstellung als gefiederte Schlange – in manchen toltekischen Bildern als hellhäutiger, bärtiger Mann gezeigt worden sein. So bot der Herrscher dem spanischen Konquestor freundschaftlich den Göttertrank „Xocoatl" in goldenen Schalen an, und eröffnete damit dem Feind Tür und Tor.

Xocoatl leitet sich von „xococ", was soviel wie sauer, herb, würzig bedeutet, ab, sowie „atl", dem aztekischen Wort für Wasser. In der Urform handelte es sich also um ein bitteres Getränk, das den Europäern wohl kaum wirklich geschmeckt haben konnte. Vielmehr gelangte es erst durch die Zugabe von Rohrzucker zunächst in Spanien, Italien und Frankreich und später dann in der gesamten „alten Welt" zu durchschlagendem Erfolg.

Kakaopulver aus Holland

Der Holländer Van Houten war auf der Suche nach einer Methode, die stark fetthaltige Kakaomasse zu entölen, um damit ein leichteres und besser verdauliches Kakaopulver zu erhalten. 1825 erfand er eine hydraulische Kakaopresse, mit der sich die Kakaobutter aus den

frisch gemahlenen Kakaobohnen herausdrücken ließ.

Dem zurückbleibenden trockenen, festen und fettarmen Kakaobrei fügte der findige Fabrikant Alkalisalze (Kalium- oder Natriumkarbonat) bei, um ihn noch leichter mit Wasser auflösbar zu machen. Diese Aufbereitung, auch heute noch „Dutching" genannt, intensivierte nebenbei auch den braunen Farbton des Kakaopulvers. Zugleich milderte sich der herbe Geschmack. Fälschlicherweise sprach man aufgrund der dunklen Färbung lange von der eher bitteren holländischen Schokolade, obwohl das Gegenteil der Fall war.

Van Houtens innovative Ideen – die sich nicht lange als Patent aufrechterhalten ließen – führten schon bald zu der weit verbreiteten industriellen Herstellung und damit zum Massenprodukt Kakao. Abgesehen davon ebnete die maschinelle Trennung von Kakaobutter und -masse der festen Schokolade den Weg.

Der Zubereitung dieser „neuen" Trinkschokolade kam die ungefähr zeitgleich in Europa eingeführte Herstellung von Kondensmilch entgegen. Denn das trockene Pulver ließ sich – auch wenn manch einer heute darüber die Nase rümpfen mag – hervorragend mit Zucker und Kondensmilch in der Tasse anrühren und dann erst mit kochendem

Wasser aufgießen. Durch das Mengenverhältnis dieser Zutaten konnten die Intensität des Kakaogeschmacks, die Süße und Cremigkeit selbst bestimmt werden.

Zauberformel Instant-Kakao

Quick and easy galt lange Zeit als das Maß der Dinge in der Küche des späten 20. Jahrhunderts. Schnell und einfach sollte alles gehen – wie z.B. den Kindern morgens eine Tasse Kakao anzurühren.

Die Lebensmittelindustrie erfand dafür das passende Produkt: Instant-Kakao war die Zauberformel, die aus dem relativ hochprozentigen Kakaopulver nach Van Houtens Art ein sehr süßes und ruckzuck in heißer oder kalter Milch lösliches Granulatpulver werden ließ. Dieses beinhaltet nur noch einen winzigen Anteil echten Kakaos. Stattdessen bestehen viele der bis heute gebräuchlichen Fertigmischungen bis zu achtzig Prozent aus Zucker und künstlichen Aromen wie Äthylvanillin.

Mit dem echten, richtigen Schokoladengenuss haben viele dieser billigen Kakaogetränke, denen auch häufig noch künstliche Bananen- oder Erdbeeraromen zugesetzt werden, nichts gemein. Allerdings erhält man im Fachhandel auch äußerst hochwertige Instantprodukte, die zum Teil sogar mit besonderen Geschmackserlebnissen überraschen wie z.B. „Hopfen und Malz".

Klasse statt Masse

Spielarten der Trinkschokolade

Für Kenner und Neugierige bietet der Markt für Trinkschokoladen eine breite Palette verschiedenster Formen von Trinkschokoladen-Produkten. Diese stammen genauso von kleineren Manufakturen wie von bekannteren Schokoladen-Herstellern.

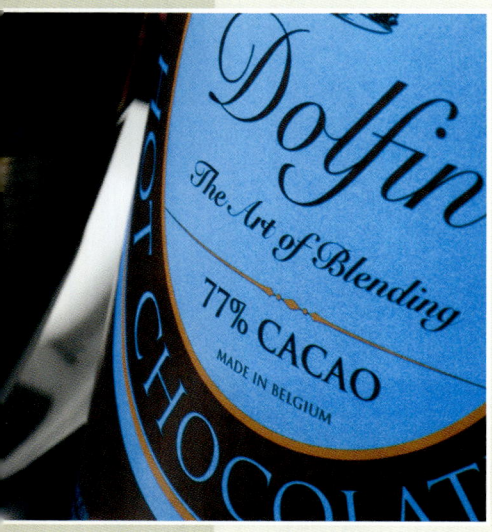

Diese exklusive Spielwiese erstaunt Liebhaber und Gourmets durch ihre große Produktvielfalt in Form und Aroma. Ob als geraspelte Schokostückchen in edelsten Schachteln, als in goldene Papierrollen eingedrehte Tabletten oder als designtes Schokoladenstück am Holzquirl – eine Entdeckungsreise in die Welt der Trinkschokolade hält manche Überraschung parat.

Kakaopulver

Die klassische Methode eine wirklich schmackhafte Trinkschokolade herzustel-

len, stellt nach wie vor die Zubereitung von Kakaopulver dar. Gemeint sind die reinen, wenig entölten Kakaopulver, die mancherorts auch als Backkakao bezeichnet werden.

Neben den Traditionsprodukten der bekannten Markenhersteller, die zum Teil seit über 100 Jahren am Markt sind, bieten auch kleine Chocolatiers verschiedene Kakaopulver zur Herstellung von Trinkschokoladen an. Die Trendprodukte kommen in edelstem Design und bester Rohstoffqualität daher, was natürlich seinen Preis hat.

Für die Verarbeitung von Kakaopulvern zu Trinkschokolade gibt es grundsätzlich zwei Vorgehensweisen:

■ 1. Man füllt einen gehäuften Teelöffel Kakaopulver
und einen Löffel Zucker in die Tasse. Zur optimalen
Verteilung der Kakaoaromen sollte zunächst das Kakaopulver mit dem Zucker und etwas Milch zu einem
Brei verrührt werden. Erst dann wird die Masse mit
heißer Milch aufgegossen und nochmals gut verrührt.

■ 2. Man gibt das Kakaopulver, den
Zucker und eine Tasse Milch in
einen Topf und erhitzt das Ganze
unter Rühren – allerdings ohne es
zum Kochen zu bringen. Ein Stück
Vanilleschote veredelt die vollen
Kakaoaromen.

In Spanien und anderen – vor allem
mediterranen – Ländern liebt man die
Trinkschokolade besonders cremig. Man-
che dieser Heißgetränke erinnern eher an
Schokoladenpudding als an flüssigen
Kakao.

Aber wie bekommt eine Trinkschokolade diese Konsistenz? Ganz einfach:
Auf einen Liter Milch im Topf kommen
vier gehäufte Löffel Kakao und vier Löffel Zucker. Zudem rührt man einen Esslöffel Stärke mit etwas Wasser an. Beim

Erhitzen der Milch rührt man die Stärke in den Kakao, den man nun einmal kurz aufkochen lässt – und fertig ist die dickflüssige Trinkschokolade zum Löffeln.

Instantpulver

Instant-Kakao ist sicherlich die schnellste und einfachste Lösung für die Zubereitung von Trinkschokoladen. Dabei sind die Produkte aufgrund ihres hohen Zuckergehalts wohl besonders bei Kindern beliebt.

Jedoch stehen Zucker, Eiweiß, künstliche Aromen sowie Emulgatoren – und manchmal auch Verdickungsmittel – in einem zu hohen Verhältnis zu dem Kakaogehalt, der zudem oft auf minderer Rohstoffqualität basiert. Instant-Produkte – vor allem preiswerte Produkte aus dem Supermarkt oder dem Discounter – kön-

Kakao mit Wasser

Um Kakaopulver gut lösen zu können, muss die zugeführte Flüssigkeit Fett enthalten – eine Aufbereitung mit Wasser ist so nicht ohne weiteres möglich. Es bieten sich dennoch zwei Möglichkeiten an: Den Kakao zunächst in etwas Milch zu lösen und dann mit heißem Wasser aufzufüllen oder zu Instant-Produkten speziell für die Aufbereitung mit Wasser zu greifen.

nen so zwar keinen Gourmetansprüchen genügen, haben als schnelles Getränk mit Schokoladengeschmack aber dennoch ihre Fans. Doch auch in diesen Bereichen gibt es inzwischen neue Produkte auf qualitativ höchstem Niveau – wie Kakaopulver auf Basis von feinstem Criollo (siehe Seite 77) ohne künstliche Aromen oder Emulgatoren. Diese erhält man zudem auch in unterschiedlichst aromatisierten Varianten.

Bei der Zubereitung rührt man lediglich einen gehäuften Esslöffel des Instantpulvers oder mehr in kalte oder warme Milch ein – und fertig ist der Kakao. In Italien und Spanien gibt es auch für dickflüssigen Kakao zum Löffeln die passenden Instantpulver.

Trinkschokolade am Holzstiel

Ein optisch und haptisch äußerst ausgefallenes und damit sehr trendiges Produkt sind Trinkschokoladenmassen am Holzstiel. Ob in Form eines geradlinigen Würfels oder in der einer Kakaofrucht – verarbeitet werden hier bislang ausschließlich Schokoladen feinster Qualität – und dementsprechend teuer ist das Trinkvergnügen.

Der Holzstiel ist dabei mehr als ein Marketing-Gag, der an aztekische Urformen erinnert: Er ist äußerst praktisch, lässt sich mit ihm doch die Schokolade in der Tasse bestens verrühren.

Und so geht's: Die Schokolade am Stiel taucht man in eine Tasse mit circa fünfundsiebzig Grad heißer Milch. Durch stetiges Rühren löst sich die Schokolade innerhalb kürzester Zeit auf. Die Schokolade ist so portioniert, dass man bei unterschiedlichen Mengen Milch (zwischen 150 und 200 ml) verschiedene Geschmacksintensitäten von stark kakaobetont bis kakao-milchig erzielen kann.

Kenner bemerken bei den oft auch Trink-Pralinees genannten Schokoladen – bei guter Qualität – einen kleinen, aber feinen Unterschied: Lösen sich „normale" Tafelschokoladen häufig in der Milch nicht restlos auf, so schafft ein hochwertiges Trinkpralinee genau das: Es schmilzt perfekt und verbindet sich absolut harmonisch mit der Milch. Das Geheimnis dieses Erfolgs liegt in der Herstellung dieser Art von Trinkschokolade – und zwar schon von der Bohne weg. Denn bereits beim Rösten gibt es kleine Unterschiede, ebenso beim Mahlen und vor allem auch beim Conchieren.

Schokoladentafeln

In traditioneller Form – denn Trinkschokolade war, bevor es die Entölungsverfahren gab, fast immer in Tafeln gepresst – kommen Tafelschokoladen zur Zubereitung von Trinkschokolade daher. Die Hersteller

bieten mit dieser Gestaltungs-
art besondere Vorteile bei der
Portionierung.

Je nach Gusto bricht man
unterschiedlich viele Stücke
ab, die in heißer Milch aufgelöst werden. So lässt sich nicht
nur die Intensität des Kakaogeschmacks individuell bestimmen – es ist auch einfach, größere Mengen Trinkschokolade
herzustellen.

Schokoflocken

Ein weiteres beliebtes Zuberei-
tungsrohmittel aus Kakao bie-

Trinkkakao aus Tafelschokolade

Natürlich kann man zur Zubereitung von Trinkschokolade auch jede herkömmliche
Tafel Schokolade verwenden. Allerdings lassen sich diese meist nicht so gut mit Milch
vermischen wie reine Trinkschokoladen – man muss also oft Abstriche bei der Konsistenz in Kauf nehmen. Um einem intensiven Kakaoerlebnis nahe zu kommen, sollte
man qualitativ hochwertige, dunkle Schokolade verwenden. Lässt man sie in heißer
Milch schmelzen, kann man je nach Geschmack noch Gewürze wie Vanille, Zimt, Nel-
ken und Pfeffer oder geriebene Orangenschale zugeben.

ten Hersteller mit den so genannten Schokoflocken. Sie versprechen einen cremigen Trinkgenuss. Neben ihrer Hochwertigkeit und ihrer besonderen Geschmacksintensität preist man sie außerdem für ihre Wirkung als Garnitur von Eis oder Süßspeisen.

Schokoflocken kocht man in frischer Milch kurz auf. Dabei bestimmt der Genießer die Geschmacksintensität durch die Dosierung.

Schokoladendragees & Co

Dragees – als Schokostückchen, -pastillen oder auch -pralinees geformt – sind weitere Formen, um Kakao optisch attraktiv und praktikabel zur Zubereitung von Trinkschokolade anzubieten.

Alle Produkte sind von ausgesuchter Rohstoffqualität. Ihre Praktikabilität beim Kochen mit Schokolade ist natürlich auch nicht zu verachten. Sie ersetzen das oft umständliche Hantieren mit Blockschokolade, da das schwierige Portionieren und lästige Krümeln entfällt.

Stilecht genießen

Natürlich lässt sich Trinkschokolade in jeglicher Kanne oder auch in jedem beliebigen Kochtopf zubereiten. Und natürlich eignet sich letztlich auch jede Tasse im Küchenschrank für das Kakaovergnügen.

Besonders stilvoll trinkt sich Kakao jedoch aus hohen, dickwandigen Gläsern, wie aus den überaus beliebten „Latte-Macchiato-Gläsern". Trinkschokolade im Glas sieht nicht nur gut aus – sie ist auch praktisch, denn beim Rühren mit einem langen Kaffeelöffel kann man genau erkennen, wann sich die Schokolade komplett aufgelöst hat.

Wer aber beim Thema stilvoller Genuss an Madame Pompadours Edel-Ausstattung denkt, wählt ein spezielles Kakaoservice. Schon der große Auftritt der süßen Verführerin offenbart sich im Service als optischer Hochgenuss. Denn die extravaganten Formen und das ausgefallene Design der Kakao-Kannen mit passenden Tassen wissen das Auge zu bestechen. Sie kommen in Design-Spielarten von zierlich-verspielt bis cool und klar daher und bedienen somit das ganze Stil-Spektrum.

Dazu entwickeln hochkarätige Designer in speziellen Manufakturen ungeahnt elegante, blütenweiße Porzellan-Stücke, die auch den „Nicht-kenner" sofort zu verlocken wissen. Nicht nur die klassischen Formen der bekannten Kaffee-, Tee- und Kakaokannen stehen für sie Modell, sondern bauchige, runde und ovale, sich nach oben verjüngende oder gar umgekehrt, wie Kelche geformte Gefäße, prägen das Bild. Diese Kannen haben keinen Henkel, sondern seitlich einen stielartigen Griff. Man erkennt sie sofort an der Öffnung im Deckel, die für einen Rührstab dient.

Köstliche Kombinationen

Die besten Begleiter

Welche Art Speisen eignen sich zum Verzehr mit Trinkschokolade? Kurz gesagt: eigentlich alles, was das Schokoherz begehrt. Denn gut ist, was schmeckt. Trotzdem kann man sich bei der Auswahl an einigen Grundregeln orientieren.

Aufgrund des gehaltvollen Getränks sollten die Speisen leicht und locker daherkommen. Luftige Blätterteigwaren, wie Croissants oder italienische Brioches erweisen sich bei einem Frühstück mit Trinkschokolade als ideale Partner. Sie enthalten Butter und wenig Zucker, sodass sie den Geschmack des Kakaos eher transportieren als dominieren. Natürlich können auch feine Toasts mit Marmelade oder sogar mit einem milden Käse eine wunderbare Ergänzung sein.

Am Nachmittag stehen dem Trinkschokolade-Fan für die Kombination mit seinem Lieblingsgetränk diverse Süßgebäcke zur Auswahl. Aber auch hier gilt, sich vornehm zurückzuhalten. Deshalb bieten sich frische, leichte Gebäckstücke, die eventuell eine Zitronencre-me enthalten, bestens an. Etwas mächtiger, aber na-türlich locker-flockig, kommt eine Biskuitrolle auf die Kuchenplatte. Die Kakaoaromen verbinden sich her-vorragend mit allen Zitrusaromen. Auch Steinobst wie z.B. Kirschen sind dem Kakao geschmacklich ver-wandt, sodass sich ein Hefestriezel mit Kirschen eben-falls gut mit Trinkschokolade ergänzt. Natürlich be-reiten auch frisch gebackene Waffeln, beispielsweise mit geriebenem Apfel und Zimt, dem Gaumen ein wohlschmeckendes Fest.

Kakao-Kombinationen

Gemütlich an den knisternden Ofen oder Kamin ge-kauert, die Hände an einer heißen Tasse Kakao ge-wärmt und mit heißem Dampf der Kälte draußen getrotzt, – wer kennt das nicht noch aus Kindertagen. Schon der Klassiker einer Trinkschokolade mochte hier das Herz erwärmen. Für etwas Abwechslung sor-gen weitere Zutaten, die die Trinkschokolade in aller-lei köstliche Mixgetränke verwandeln.

Weihnachts-Kakao

Man schmilzt Tafelschokolade mit hohem Kakaoan-teil oder entsprechend hochwertige Trinkschokolade-Produkte wie Flocken oder Pralinees in heißer Milch und gibt einfach je eine Prise Piment und Zimt hinzu.

Die gefüllte Tasse verziert man mit einem Häubchen aus geschlagener Sahne – fertig ist der weihnachtliche Kakao. Wer es besonders würzig mag, bietet Lebkuchen oder Spekulatius zum Verzehr dazu an.

Schokoladen-Grog

Wind und Wetter hat ein Schokoladen-Grog so einiges entgegenzusetzen. Wie beim Tee mit Rum fügt man einer Trinkschokolade Kandis, Rum und eine Prise Muskatnuss hinzu. Die Mengen von Zucker und Rum kann man nach Belieben wählen.

Choco-Kiss

Eher hochprozentig in Sachen Alkohol kommt ein Choco-Kiss über die Lippen: Man vermischt 1 cl Whisky mit 4 cl Irish Cream und gießt das Ganze mit kaltem Kakao auf. Wer es noch heftiger mag, gibt außerdem ein wenig Rum zu.

Café au Chocolat

Zwei Esslöffel Schokoflocken und ein Esslöffel Zucker in wenig Milch auflösen. Dann mit einem starken Kaffee – am besten einem Espresso lungo – aufgießen. Der Café au Chocolat schmückt sich gerne mit einem Sahnehäubchen, das mit Schokoraspeln garniert ist.

Cafe Moretto

Ein Juwel unter den Espresso-Variationen: Sahne mit Zucker steif schlagen. Espresso brühen und einige Stückchen Bitterschokolade darin auflösen. Einen Schuss Rum zugeben und mit einem Sahnehäubchen bedecken. Eine Prise Zimt und etwas Kakaopulver würzen den Cafe Moretto zum köstlichen Genuss.

Lumumba

Diesen berühmten Schokoladen-Drink kann man heiß oder kalt trinken. Für die kalte Variante gibt man 3 Eiswürfel in einen Shaker. Darüber kommen 4 cl Rum und $1/8$ l gut gekühlte Milch. Dann 3 TL Kakaopulver zufügen und den Lumumba kräftig schütteln. In ein Longdrinkglas 2 frische Eiswürfel füllen. Abseihen, mit Schokostreuseln bestreuen und mit einem Strohhalm servieren.

Eis-Schokolade

Was gibt es schöneres, als an einem heißen Sommertag eine eiskalte Erfrischung zu genießen? Eisschokolade gilt unter den Kakao-Drinks als cooler Klassiker. Ein bis zwei Kugeln Vanilleeis in ein hohes Cocktailglas füllen, mit eiskaltem Kakao aufgießen und mit einem Sahnehäubchen und Schokoladenraspeln krönen. Serviert wird diese Schokolade mit Strohhalm und einem langstieligen Löffel.

Tafelschokolade

Vielfalt ohne Grenzen

Konsumprodukt und Luxusgut

„Es lebe die Schokolade und der, der sie erfunden hat", schrieb der italienische Dramatiker Carlo Goldoni und brachte damit bereits im 17. Jahrhundert ein äußerst klares Bekenntnis zum wohlschmeckenden Schokoladengenuss zu Papier. Damals allerdings waren die verlockenden Köstlichkeiten aus den Kakaobohnen noch ein reines Luxusgut.

Das hat sich längst geändert. Heute gehört Tafelschokolade zu den beliebtesten Genussmitteln der Welt, nicht zuletzt auch, weil es als Konsumprodukt für fast jedermann erschwinglich ist.

Dennoch gibt es große Preisunterschiede: In den Regalen der Billigketten und Supermärkte gibt es Tafelschokolade schon für unter einen Euro. Weitaus tiefer muss allerdings derjenige ins Portmonee greifen, der feine handgeschöpfte Schokoladen aus Edelkakao oder von Meisterhand kreierte Pralinen erstehen möchte.

Vor allem in den Auslagen der kleinen, aber feinen Schokoladengeschäfte, die in den vergangenen Jahren die Tradition der französischen Chocolaterien wiederbelebt haben, finden sich sündhaft verführerische, allerdings meist auch ebenso teure Schokoladenspezialitäten. Einige Chocolatiers stellen die feinen Täfelchen selbst her; die meisten edlen Tafelschokoladen stammen aus kleinen und mittelständischen Betrieben, die sich mit Leib und Seele der braunen Verführung verschrieben haben.

Bei ihnen läuft Schokolade zur Topform auf und findet in edelsten Kompositionen Verwendung. Premiumproduk-

te mit feinsten und wie Beichtgeheimnisse gehüteten Rezepturen sind in diesen „Schokoladenküchen" selbstverständlich. Und nicht mehr nur dort: Auch die Industrie holt in Sachen Qualität und Extravaganz auf und setzt neben dem Bewährten auf hochwertige und ausgefallene Sortimente. Hier wird meistens besonders exquisiter Kakao verwendet, dem keinerlei künstliche Aromen oder gar Konservierungsstoffe zugesetzt sind.

Der Geschmack der Bohnen

Erreicht werden sollen von Anfang an besondere Geschmacksnuancen, die durch die Wahl des Kakaos stark beeinflusst werden. Kommt der Grundstoff für eine dunkle Tafel zum Beispiel aus Uganda, bringt er eine „rauchige, erdhafte Note" mit. Als milder, ja manchmal sogar fruchtig hingegen gilt Kakao aus Ecuador.

In Südamerika gedeihen generell Bohnen mit sehr komplexen Aromen. Manche Sorten schmecken nach Zitrusfrüchten oder Cassis, nach Blumen oder Buttermilch. Aus Madagaskar kommt Kakao, der rote Beeren im Aroma hat; in Indonesien werden Sorten geerntet, die ein klein wenig an Pilze, Wald und Holz erinnern.

Wie hoch der Kakaoanteil in der Schokolade sein sollte, darüber gehen die Meinungen auseinander. „Gute und exklusive Produkte sollten mindestens 50 Prozent Kakao enthalten", so lautet ein noch immer weit verbreitetes Vorurteil. Dabei gibt es zahlreiche helle Schokoladen mit einem hohen Qualitätsanspruch und einem Kakaoanteil, der etwa bei 40 Prozent liegt.

Unbestritten ist jedoch, dass die Aromavielfalt und der Charakter eines Kakaos besonders dann zur Geltung kommen, wenn der Kakaoanteil mindestens bei etwa 70 Prozent liegt. So lässt sich sicherlich auch der unübersehbare Trend zur dunklen Schokolade erklären. Sehr dunkle Schokolade mit einem Kakaoanteil von 80 bis 100 Prozent hat allerdings

Funktionale Schokolade

In jüngerer Zeit macht sich ein weiterer Trend breit, nämlich zu „funktionaler Schokolade". Immer mehr Menschen wünschen sich offensichtlich Produkte, die nachweislich die Stimmung heben oder die Gesundheit positiv beeinflussen. So werden Schokoladen beispielsweise

mit Bienenpollen angereichert, denen hervorragende Eigenschaften gegen Müdigkeit nachgesagt werden. Pfefferminz-Tafeln hingegen soll sich positiv auf Magen und Darm auswirken. Es gibt fettreduzierte und zuckerfreie Produkte, die Schokoladengenuss ohne Reue versprechen. Und lactosefreie Schokolade verspricht mehr Bekömmlichkeit für solche Genießer, die Milch nicht gut vertragen.

Europäer sind Spitze

Die meiste Schokolade wird in Europa verzehrt. Dabei steigt der Pro-Kopf-Verbrauch, je weiter man nach Norden kommt. Spitzenreiter beim Schokoladenverzehr sind allerdings nicht etwa die skandinavischen Länder, sondern die Schweiz mit mehr als zehn Kilogramm pro Kopf und Jahr – dicht gefolgt von Deutschland mit mehr als neun Kilogramm pro Kopf und Jahr. In Osteuropa steigt der Konsum rapide an. Am häufigsten werden übrigens ungefüllte Tafeln verzehrt, fast ebenso beliebt sind solche mit Nuss, Nougat und Cremefüllungen.

nicht mehr so viele Fans, weil sie oft herb und eher bitter schmeckt.

Schokoliebhaber setzen übrigens meistens auf große Namen und berühmte Hersteller. Das ist bei den süßen Produkten nicht anders als bei Kaffee, bei Champagner, Sekt oder Wein. Allerdings erleben auch Schokoladenfans ab und an Überraschungen beim Degustieren: Bei Blindverkostungen wurde manchmal der preiswerteren Supermarktware der Vorzug vor teuer eingekauften Luxustäfelchen gegeben.

Zutaten immer exquisiter

Die Geschichte der Tafelschokoladen im letzten Jahrhundert ist auch ein Spiegel der Gesellschaft. So war ein Stück einfacher Milchschokolade während des Zweiten Weltkriegs schon ein kleiner Luxus. Als sich Europa von den Kriegswirren erholt hatte, stieg in den 1960er- und 1970er-Jahren der Konsum spürbar an und die Industrie erschloss sich mit einfachen Kombinationen mit Haselnüssen, Mandeln und Rosinen neue Käuferkreise. Mit zunehmendem Wohlstand in den 1980ern und 1990ern erlangten auch

feinste Schokoladen aus besten Bohnen eine immer größere Marktbedeutung.

Heute ist der Trend zum Exklu-
sivprodukt unübersehbar: Für viele
Schokoladenfreunde kann es offensichtlich nicht ausgefallen und exquisit genug sein. Längst sind so Füllungen oder Aromen mit Chili, Thymian,
Minze, Basilikum oder Schwarzem
Pfeffer in vieler Munde. In Österreich
veredelt ein Hersteller den Geschmack seiner Schokolade
mit Hanf und Bier, in Belgien verarbeitet man Walnussfül-
lungen mit Ahornsirup und aus Australien kommt Schokolade, die mit einem Schuss heimischem Shiraz-Wein verfeinert wird.

Die Produktentwickler und Chocolatiers scheinen sich
geradezu einen wahren Aroma-Wettstreit zu liefern: Es gibt
Schokolade mit Safran, mit Myrten-Essenz oder Pinienker-
nen, mit Früchten wie Heidelbeeren oder Pflaumen, mit
arabischen Gewürzen, Zimtblüten und selbst mit Salz.

Auffällig ist auch das große saisonale Angebot der
Hersteller. Je nach Jahreszeit werden nicht nur Weihnachts-
schokoladen oder gefüllte Ostertafeln hergestellt – häufig
sind auch die Zutaten der Jahreszeit angepasst. Im Winter
beispielsweise lässt sich eine mit Rotwein verfeinerte Schokolade besser verkaufen als eine mit Fruchtpaste; im Sommer ist es umgekehrt.

Die Herstellung

Wie die Tafel-Schokolade entsteht

Ausgangsprodukt für die Herstellung von Schokolade ist Kakaomasse (siehe S. 86). Ihr werden nach festgelegten Rezepturen weitere Zutaten zugegeben: Kakaobutter, Zucker, Sahne- oder Milchpulver für Milchschokolade, schließlich Gewürze oder Geschmacksstoffe wie Zimt, Kaffee oder Vanille. Der Schokoladenmeister füllt meist noch pflanzliches Lecithin in die riesigen Knetbehälter, um bessere Misch- und Fließeigenschaften zu erreichen. Das bedeutet, die Schokolade kann sich später besser der Gießform anpassen.

Je nach Unternehmen verwendet man entweder Kakaomassen, in denen die verschiedenen Bohnensorten bereits gemischt sind, oder es werden sortenreine Kakaomassen verarbeitet, die erst später in flüssigem Zustand vermengt und auf das gewünschte Endprodukt hin abgestimmt werden.

In der zähen Kakaomasse ist zwar Kakaobutter enthalten, doch reicht die-

ser Anteil meist nicht dazu aus, um feine Schokolade herzustellen. Deshalb wird die Rohmasse durch zusätzliche Kakaobutter angereichert. Diese kaufen die meisten Chocolatiers zu. Sie wird entweder in flüssiger Form in beheizten Tankwagen angeliefert oder in festen Blöcken eingekauft, die vor der Weiterverarbeitung geschmolzen werden müssen.

Unter Zufuhr von Wärme werden alle Zutaten nun bis zu einer halben Stunde geknetet und immer wieder gewendet. So verbinden sich pulverförmige und flüssige Stoffe zu einer recht feinkörnigen plastischen Masse. Diese sieht zwar schon wie Schokolade aus, hat aber noch nicht den endgültigen Geschmack und die perfekte Konsistenz erreicht. Die Aromen sind noch nicht harmonisch und die Konsistenz ist zu grobkörnig. Im Mund fühlt sie sich sandig an.

Deshalb wird die Schokolade im nächsten Arbeitsschritt gründlich gewalzt. Die Azteken verrieben die Kakaobohnen übrigens auf Handreibsteinen, und in der Frühzeit der Industrialisierung verwendete man einen so genannten Mélangeur (französisch: Mixer). Dabei mischten und zermahlten schwere Granitwalzen die Masse. Diese zeitaufwändige und damit unrentable Art der Aufbereitung ist jedoch längst Geschichte.

Heutzutage gelangt die grobkörnige Masse über Förderbänder in meistens fünf übereinander angeordnete Stahlwalzen, die sie hauchdünn zerreiben. Die Laufgeschwindigkeiten der einzelnen Walzen nehmen von unten nach oben zu, und die Zwischenräume werden enger. Von der letzten Walze streift ein spezielles Messer das Mahlgut ab. Wenn die braune Masse diese Prozedur durchlaufen hat, ist sie trocken, flockig und sehr fein. Bei sehr hochwertiger Schokolade wird der Walzvorgang sogar noch einmal wiederholt.

Das Conchieren

Man sollte meinen, nun sei die Schokolade endlich fertig. Allerdings: Auch jetzt nehmen feine Zungen noch immer einen leicht sauren, herb-bitteren Geschmack wahr. Um ihn zu vertreiben, wird die Schokoladenmasse „conchiert".

Dieses Verfahren ist untrennbar mit dem Namen Rudolphe Lindt verbunden. Der schweizerische Chocolatier erfand im Jahr 1879 in Bern die entsprechende Maschine, die Conche, deren Name sich vermutlich auf die muschelförmige Form der früheren Apparatur bezieht.

Beim Conchieren wird die Schokoladenmasse in großen, beheizten Rühr-

werken bewegt, belüftet und temperiert. Das reduziert den Feuchtigkeitsgehalt auf unter 1%. Aus der zuvor noch leicht krümeligen Masse entsteht glatte, feinflüssige Schokoladenmasse mit dem berühmten Schmelz. Doch das Conchieren bewirkt noch mehr: Unerwünschte Geruchs-, Aroma- und Bitterstoffe entweichen, man kann von einer Harmonisierung der Aromen sprechen.

Nachdem die Masse bis zu im Durchschnitt 12 bis 24, manchmal aber auch bis zu 72 Stunden in der Conche hin- und hergeschwappt ist, hat der Chocolatier eine wunderbar glatte, fein-aromatische Schokolade hergestellt. Der Weg zu den vielen Köstlichkeiten ist frei. Ob Lindt damals übrigens nur mit den längeren Laufzeiten seiner Maschine experimentiert hat oder schlicht vergessen hat, die Motoren abzuschalten, ist nicht überliefert. Das Ergebnis war jedenfalls verblüffend, und Lindts Idee richtungsweisend.

Je länger, je lieber?

Auch wenn die Werbebotschaften mancher Hersteller suggerieren, eine Schokolade sei umso besser, je länger sie conchiert wurde, muss dies nicht immer zutreffen. Denn die optimale Conchierdauer richtet sich vor allem nach der verwendeten Kakaosorte, die jeweils eine eigene, spezielle Charakteristik aufweist, zum Beispiel auch bezüglich ihres Säuregehalts.

Die Kunst beim Conchieren besteht also auch darin zu erkennen, nach wie vielen Stunden Bearbeitung und Belüftung sich die unerwünschten Komponenten verflüchtigt und sich die gewünschten, sortentypischen Aromen perfekt entfaltet haben.

In einem letzten Arbeitsschritt wird die Schokolade weiter perfektioniert, indem man sie „temperiert". Die Masse wird von 50 Grad auf etwa 28 Grad gekühlt und dann wieder auf 33 Grad erwärmt. Dadurch bekommt sie ihre seidig glänzende Oberfläche, ihren knackigen Bruch und den perfekten Schmelz. Jetzt muss sie nur noch zu Tafeln oder Blöcken gegossen, abgekühlt und schließlich natürlich verpackt werden.

Die Schokolade nimmt Gestalt an. Die flüssige Masse gelangt über temperierte Rohrleitungen in die so genannten Eintafelanlagen, wie es im Fachjargon heißt. Dort wird sie in leicht angewärmte Kunststoff- oder Metallformen mit den typischen Schokoladenrippen gegossen. Dabei wird auf das Gramm genau dosiert. Größere Zusätze wie Haselnüsse, Mandeln oder Rosinen mischen die Schokoladenhersteller unmittelbar vor dem „Eintafeln" unter die Masse.

Die gefüllten Formen laufen über eine Rüttelstation, damit sich die Schokolade durch die Vibration gleichmäßig verteilen und eingeschlossene Luft entweichen kann. Beim anschließenden, behutsamen Abkühlen erstarrt die Masse

langsam und zieht sich dabei ein wenig zusammen. Die Tafeln werden um eine Winzigkeit kleiner und liegen fast lose in den Formen.

Die Fabrikationsstraßen wenden jetzt die Formen; die lockeren Tafeln fallen auf ein Transportband. Dort werden Krümel von der glänzend braunen Oberfläche abgesaugt. Zudem untersucht ein Metallsuchgerät die Tafeln noch auf eventuell vorhandene Fremdkörper. Fehlerhafte Tafeln sortieren die Chocolatiers sofort am Band aus. Die leeren Füllformen werden erneut gewendet, angewärmt und zum nächsten Füllumlauf auf die Strecke gebracht.

Verpackung am laufenden Band

Von den Transportbändern geht es zu den Verpackungsmaschinen. Die Schokolade wird dort in Bruchteilen von Sekunden in aromadichtes Aluminium oder zunehmend auch in Verbundfolie eingeschlagen, mit Etiketten versehen, gezählt, gestapelt und in Schachteln gefüllt. Jetzt kann die Schokolade den Weg über die vielfältigen Vertriebskanäle zu den Verbrauchern antreten.

In den großen Schokoladenfabriken geschieht all dies vollautomatisch in zum Teil riesigen Anlagen. In kleineren Manufakturen hingegen wird zum Teil noch immer Hand angelegt – nicht alle Arbeitsschritte sind hier automatisiert.

Handgeschöpfte Schokolade

Auf einigen Schokoladentafel-Verpackungen findet man den Hinweis „handgeschöpft". Dieser Begriff bezeichnet kein einheitlich definiertes manuelles Produktionsverfahren. Er deutet zunächst generell nur darauf hin, dass einzelne Schritte bei der Herstellung von Hand ausgeführt werden. Welche das im Einzelnen sind, bleibt bei vielen Herstellern offenbar eher eine Art Betriebsgeheimnis – Informationen sucht man oft vergeblich.

Der erste jedoch, der den Begriff „handgeschöpfte Schokoladen" prägte, war der österreichische Chocolatier Joseph Zotter. In seiner noch recht jungen Manufaktur stellt er gefüllte und geschichtete Schokoladen her und bezeichnet diese seit 1995 als „handgeschöpft". Den Begriff entlieh er der Papiererzeugung, wo man vom Schöpfen der einzelnen Bögen spricht. Allerdings ist der überaus erfinderische und kreative Schokoladenmeister auch ein Schöpfer immer wieder neuer Schokoladensorten – und so bezieht sich der

Name durchaus auch auf den schöpferischen Akt, als den er
die Entwicklung einer jeden neuen Sorte selbst betrachtet.
Und schließlich kommt auch noch die Schöpfkelle ins Wort-
Spiel: Mit ihrer Hilfe wird die Schokoladenmasse ausgegos-
sen um dann – bei Zotter – zu einer Schicht verstrichen zu
werden.

Andere Schokoladenhersteller bringen den Begriff
handgeschöpft zwar auch – und vor allem – mit der Schöpfkelle in Verbindung, sie meinen damit aber zumeist das Ein-
gießen einer Füllung in eine Schokoladenform. Denn die
Verfahren, Füllungen oder letztlich besondere Aromen in
die Schokolade zu bekommen, sind unterschiedlich. Wird
bei dem einen geschichtet, so wird bei den meisten eingegossen – vor allem bei den Herstellern, die riesige Mengen
produzieren.

Schokolade mit Füllung

Gefüllte Schokolade entsteht fast ausschließlich im so genannten Hohlkörperverfahren. Zwar wird die flüssige Masse auch in temperierte Formen dosiert und gerüttelt. Durch Wenden und Schleudern fließt jedoch ein Teil der Schokolade wieder ab, nur an den Wandungen der Formen bleibt eine durch Kühlung erstarrte Schokoladenschicht zurück. Die Ränder werden gesäubert, geglättet und zum Füllen vorbereitet. Die Form wird erneut gedreht, Marzipan, Krokant, Früchte oder Flüssiges wie Spirituosen werden eingelegt oder eingegossen.

Auf die Füllung kommt eine Schicht Schokolade als Deckel, den späteren Boden der Tafel. Die gefüllten Tafeln werden genau wie ihre massiven Schwestern „ausgetafelt" und schließlich verpackt.

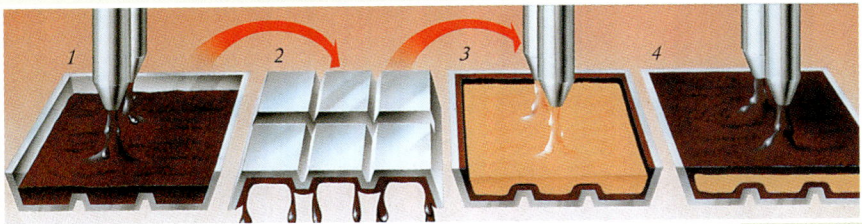

Süße Arbeitszeit

Jung & engagiert an die Spitze: Coppeneur

Schokolade ist „in" – und dazu trägt nicht zuletzt eine junge Generation kreativer Chocolatiers bei, die seit etwa zwei Jahrzehnten der Branche immer wieder kreative Impulse geben, Trends setzen und erfolgreiche neue Marken etablieren. Ein Unternehmen, das den Sprung in die erste Liga der Haute-Confiserie geschafft hat, ist die deutsche Confiserie Coppeneur & Compagnon. 1993 begann in einem kleinen Städtchen am Rhein bei Bonn die Geschichte der beiden gelernten Konditoren Georg Bernardini und Oliver Coppeneur.

Zu zweit starteten sie unter zunächst einfachsten Bedingungen mit der Produktion von Pralinen. Zwar war „eigentlich kein Platz für uns am Markt, denn es gab sehr viele Pralinenhersteller", sagt Georg Bernardini rückblickend. Dennoch begannen sie mit viel Einfallsreichtum, Pralinen auf hohem Niveau zu entwickeln. So machten beispielsweise innerhalb kurzer Zeit die mit Fruchtsaftkonzentrat zubereiteten Fruchttrüffel in der Branche von sich reden.

Heute beschäftigen die erfolgreichen Unternehmer 100 Mitarbeiter und haben sich auch international einen Namen gemacht. Produzierte man in den ersten zehn Jahren

seine feinen Pralinen in erster Linie für Wiederverkäufer, die sie als Eigenmarken anboten, so wurde die Marke Coppeneur erst 2004 aus der Taufe gehoben.

Hinter dem Erfolg steht der Anspruch, erlesenste Schokoladenkreationen auf Basis erstklassiger Rohstoffe anzubieten. Die Produktpalette umfasst neben Pralinen, auch Schokoladen, Trinkschokoladen und Kakaosnacks.

„An erster Stelle steht dabei immer die Entwicklung einer Rezeptur, erst dann kalkulieren wir den Preis", erläutert Bernardini seine Erfolgsformel. „Da kann es auch schon mal passieren, dass das perfekte Produkt so teuer würde, dass es sich gar nicht verkaufen ließe. Bevor wir dann ein gutes Rezept schlechter machen, damit der Preis stimmt, bringen wir es lieber gar nicht erst auf den Markt." Und die Kunden wissen dies offensichtlich zu schätzen.

Pure Schokolade

Geschmack von Kakao und Milch

In Fachkreisen wird der Begriff reine oder pure Schokolade
sehr eng umrissen verwendet. Hier sind all diejenigen Schokoladen gemeint, die ohne Füllungen oder besonders her-
vorstechende Fremdaromen am Markt sind. Dabei reduziert sich die große Vielfalt auf nur zwei Grundsorten:

- DUNKLE SCHOKOLADE: Mit einem
  sehr hohen Kakaoanteil.

- MILCHSCHOKOLADE: Mit einem
  entsprechenden Anteil an Milchpulver.

Eine Sonderrolle nehmen die weißen
Schokoladen ein, die ohne Kakaopulver hergestellt werden und somit – streng betrachtet – eigentlich gar nicht zu den „echten"
Schokoladen zählen. Eine besondere
Betrachtung lohnt auch bei der Kuvertüre,
die nicht zum direkten Verzehr, sondern für
die Weiterverarbeitung z.B. in der Pralinenherstellung oder in der Küche gedacht ist.

Dunkle Schokoladen

Sie sind die eigentlichen Stars der Schokoladen: Die dunklen Sorten mit einem hohen Kakaoanteil. Und das aus gutem Grund: Denn je höher der prozentuale Anteil des Kakaos ausfällt, desto stärker steht auch sein Geschmack im Vordergrund. So können die feinen Unterschiede zwischen den verschiedenen Kakaobohnen-Sorten sehr deutlich herausgeschmeckt werden – die einzelnen Aromen kommen besonders gut zur Geltung.

In keinem anderen Marktsegment gibt es eine so große Bandbreite an unterschiedlichen Produkten, vor allem, was den Preis betrifft: So findet man Tafeln mit rund 70 % Kakaoanteil schon für unter einen Euro in den Regalen von Discountern. Genauso gut kann man aber auch das x-fache für ein Edelprodukt auf den Zahlteller einer feinen Chocolaterie legen.

Natürlich ist der Preisunterschied zu allererst bei den verwendeten Bohnen zu suchen. Es leuchtet einfach ein, dass eine hochprozentige Schokolade aus preiswerteren Forastero-Bohnen lange nicht so viel kostet wie eine aus dem seltenen und sündhaft teuren Porcelana-Kakao (siehe S. 79).

Mindestens genauso wichtig ist aber die Frage, wer die dunkle Schokolade herstellt. Obwohl die Zahl der Genießer, die auf hohe Qua-

lität Wert legen, beständig wächst, ist der Marktanteil der Edel-Schokoladen nach wie vor recht gering. So wird die Menge an hochwertigen Schokoladen, die selbst erfolgreiche junge Unternehmen wie Amedei oder Coppeneur pro Jahr produzieren, von den großen Foodkonzernen schon innerhalb weniger Tage verkauft.

Sicherlich: Es gibt auch große etablierte Hersteller, die hervorragende Qualität produzieren wie der französische Valrhona-Konzern. Aber die Welt der dunklen Edel-Schokoladen wird besonders von kleineren Firmen geprägt und bereichert.

Grand-Cru- & Plantagenschokoladen

Wie beim Wein ist das Anbaugebiet erstes Indiz für einen bestimmten Geschmack: Die engagierten Schokoladenproduzenten geben so meist genau an, woher ihre Bohnen bezogen werden, also ob beispielsweise aus Madagaskar, Java oder Venezuela.

Schokoladen aus Edelbohnen, also aus Criollo- und Trinitario-Sorten, können als „Cru"- oder auch Grand-Cru-Produkte vermarktet werden. Allerdings sind diese Begriffe nicht geschützt, sodass mit einer entsprechenden Bezeichnung nicht unbedingt ein ganz bestimmter Qualitätsnachweis verbunden ist. So verwenden einige Hersteller den Begriff Grand Cru nur, wenn die Schokolade aus einer einzigen Sorte Bohnen besteht, bei anderen finden sich auf den Tafeln aber auch Angaben wie „Grand-Cru-Cuvee", die zum Ausdruck bringen, dass die Schokolade aus verschiedenen Edelbohnen hergestellt wurde.

Einige Unternehmen unterhalten eigene Plantagen oder beziehen ihren Kakao nur von ganz bestimmten Plantagen – und diese nennen sie auch auf der Verpackung. Ist dies der Fall, spricht man von Plantagenschokoladen.

Bei der Herstellung von dunklen Schokoladen kommt es nicht nur auf die Bohnen, sondern auch auf deren Verarbeitung an. Sowohl die Art der Fermentierung als auch die der Röstung prägen den Geschmack. So werden beispielsweise einige Bohnen länger geröstet als andere und dies zudem bei unterschiedlichen Temperaturen. Auch die weitere Verarbeitung wie das Conchieren oder weitere Zutaten wie die Art des Zuckers wirken sich geschmacklich aus. So erklärt es sich, dass Schokoladen aus gleichen Bohnen und benachbarten Anbaugebieten trotzdem sehr unterschiedlich schmecken können.

Ein Kakaoanteil um die 70 Prozent steht in dem Ruf, die Aromen der Bohne am besten zur Geltung zu bringen und zugleich ein besonders harmonisches Geschmackserlebnis zu bieten. Deshalb nehmen Schokoladen mit einem entsprechenden Prozentanteil den größten Marktanteil unter den dunklen Edelschokoladen ein. Ausnahmen bestätigen allerdings auch hier die Regel: So ist nicht unbedingt gesagt, dass Schokoladen mit geringerem Kakaoanteil unbedingt süßer oder solche mit höherem bitterer schmecken müssen.

Milchschokolade

Wenn die Großen der Branche Fernsehwerbung für ihre beliebtesten Schokoladen machen, dann präsentieren sie immer wieder die gleiche Scheinwelt: Glückliche Kühe – manchmal auch lila gefärbt – weiden auf saftigen Wiesen. In der nächsten Einstellung fließt aus Kannen frische Milch, aus der dann Milchschokolade entsteht.

Die Süßwarenindustrie führt die Zuschauer damit allerdings ein wenig in die Irre, denn Milchschokolade wird eben gerade nicht aus flüssiger Milch, sondern aus Milchpulver hergestellt. Dessen Erfindung ist dem Schweizer Henri Nestlé zu verdanken, dem Begründer des gleichnamigen Unternehmens, das heute zu den bedeutendsten Süßwarenkonzernen der Welt gehört. 1867 fand Nestlé heraus, wie man Milchpulver als Muttermilchersatz herstellt.

Zu seinem Freundeskreis zählte der Chocolatier Daniel Peter, der sofort begann, mit dem Milchpulver zu experimentieren. 1875 war es dann soweit: Die erste wohlschmeckende Milchschokolade erblickte das Licht der Welt – und der Aufstieg der Schweiz zur bedeutendsten Milchschokoladen-Nation der Welt begann. Noch heute sitzen mit Nestlé und

Lindt zwei der größten Produzenten dieser beliebten Schokoladenart in der Alpenrepublik.

Erhebliche Qualitätsunterschiede

Im Gegensatz zu den dunklen Schokoladen zeigen sich die Milchprodukte wegen der Milch in helleren Farben und mit einer etwas weicheren Konsistenz. Vor allem aber sind sie meist wesentlich süßer, was sie vor allem bei Kindern so beliebt macht. Da der Zuckeranteil oft relativ hoch und der Kakaoanteil meist gering ist, kann man sie preiswerter vermarkten als beispielsweise die dunklen Sorten.

Daraus zu schließen, bei Milchschokoladen handle es sich grundsätzlich um Billigprodukte, wäre jedoch falsch:

Wie auch bei den dunklen Schokoladen kommt es natürlich auch hier auf die verwendeten Bohnen, den prozentualen Kakaoanteil und die Herstellung an – zudem natürlich auf die Qualität der verwendeten Milchprodukte.

So gibt es schon im Massenmarkt erhebliche Qualitätsunterschiede: Vor allem die Schweizer und die Belgier positionieren sich hier als Qualitätsgaranten (siehe S. 13). Aber wie auch im Rest der Schokoladenwelt sind es wiederum vor allem kleinere und meist junge Unternehmen, die mit besonders edlen Milchschokoladen auf sich aufmerksam machen. Im Gegensatz zu den Großen der Branchen verwenden sie auch bei dieser Tafelart ausgewiesen edle Trinitario- oder gar Criollo-Bohnen, und das bei einem Kakaoanteil von manchmal sogar über 60 Prozent.

Feinschmeckern, die auch bereit sind, für besondere Milchschokoladen tiefer in die Tasche zu greifen, bietet sich aber auch noch eine zweite Alternative: Schokoladen aus besonderer Milch. So finden sich Produkte mit Schafs- und Ziegenmilch oder – ganz exquisit – mit Büffelmilch in den Regalen der Feinkosthändler oder Chocolaterien. Und wer diese probiert, schmeckt deutlich den Unterschied zu jenen mit Milch von glücklichen Kühen – ihr Geschmack ist nämlich wirklich speziell.

Weiße Schokolade

Sie stechen deutlich aus dem Farbfeld der Tafelschokoladen heraus: Die weißen Schokoladen. Aber nicht nur farblich nehmen sie eine Sonderstellung ein: Da sie ohne Kakaopulver hergestellt werden, zählen sie streng genommen nicht zu den Schokoladen.

Dennoch sind sie ein Kakaoprodukt, werden sie doch aus Kakaobutter hergestellt. Geschmacklich haben sie trotzdem nur wenig mit ihren hell- und dunkelbraunen Geschwistern gemein.

Kakaobutter ist – wie das Pulver auch – ein teurer Rohstoff. Da weiße Schokoladen nach den EG-Bestimmungen nur 20 % dieses Rohstoffs sowie 14 % Milch bzw. Milchprodukte enthalten müssen, bleibt viel Raum, andere Fette und Zusätze unterzumengen. Das wiederum bedeutet, dass die Qualität ganz entscheidend von diesen geprägt wird – und preiswerte weiße Schokoladen mit billigen Zusatzstoffen wie Margarine und vielen künstlichen Aromen nicht immer besonders schmecken. Gleichwohl gibt es aber auch hier gute, empfehlenswerte Ausnahmen.

Kuvertüre

Der Name Kuvertüre – von französisch cou-
vrir, was soviel wie bedecken oder verhüllen
heißt – deutet schon auf ihre besondere Funk-
tion an: Kuvertüre wird nämlich vor allem
zum Überziehen oder Übergießen zum Beispiel von Pralinen, aber auch zum Ausgießen
von Formen verwendet. So erklärt sich auch
der mancherorts gebräuchliche Name Tauch-
oder Tunkschokolade. Dass Kuvertüre sich
dafür ausgesprochen gut eignet, liegt an
ihrem im Vergleich zur herkömmlichen
Schokolade deutlich höheren Fettgehalt,
durch den sie besonders fließfähig wird.

Bei Kuvertüre unterscheidet man – wie bei anderen
Schokoladen auch – grundsätzlich zwischen dunkler, weißer und Vollmilchkuvertüre. Weiße Kuvertüre enthält vom
Kakao nur die Butter – und keine Kakaofeststoffe. Vollmilchkuvertüre gibt es mit unterschiedlichen Kakaoantei-
len, dunkle Kuvertüre enthält zumeist 60 % Kakaoanteil,
40 % Zucker und 38 % Fett, bei Edelvarianten liegt der
Kakaoanteil mit etwa 70% noch einmal höher.

Eine Praline oder auch eine Schokoladentorte können
nur so gut sein, wie die verwendeten Zutaten. So wundert
es nicht, dass die Chocolatiers dieser Welt überaus großen
Wert auf die Qualität der wichtigen Zutat Kuvertüre legen.
Entscheidend ist dabei auch hier logischerweise die verwendete Bohnensorte.

Zu den besten zählen unter Fachleuten Kuvertüren aus Frankreich, Belgien und der Schweiz. Als Rolls-Royce unter den Marken gilt der französische Hersteller Valrhona, dessen zum Teil preisgekrönte Kuvertüren von Chocolatiers vieler Länder als Grundlage für deren feinste Kreationen verwendet werden. Natürlich haben solch hochwertige Produkte auch ihren Preis – so muss man für die Edlen unter den Edelbitteren mit einem vielfachen Preis rechnen.

Neben der Kakaosorte spielen auch die weiteren Zutaten der Kuvertüre eine geschmacks- und qualitätsprägende Rolle. Besonders deutlich wird das bei aromatisierten Sorten wie Kuvertüre mit Mandeln, Nüssen oder Gianduia.

Die Kombinationen

Vielfalt sondergleichen

So fein „reine" Schokoladen auch auf der Zunge zergehen mögen – zu Hochform läuft sie in den Augen vieler Liebhaber erst im Duett mit anderen Aromen auf: Der Kakao umschließt herrlich cremige Füllungen aus Nougat, vereint sich mit Früchten zu einem frischen Geschmackserlebnis oder überrascht den Gaumen im Zusammenspiel mit scharfen, süßen oder pikanten Gewürzen.

Letztlich sind es diese Kombinationen, die die Welt der Tafelschokolade so vielfältig und interessant machen. Denn dem Zusammenspiel der Schokolade mit anderen Geschmacksträgern scheinen keine Grenzen gesetzt zu sein – die Chocolatiers dieser Welt probieren immer wieder neue, überraschende Kombinationen aus.

Dabei lassen sich in den letzten Jahrzehnten ganz unterschiedliche Moden und Trends ausmachen: Schokoladen im Duett mit Nüssen und Marzipan zählen so beispielsweise zu den Klassikern, die sich seit

Hot Chili &
Black Pepper

Hot Chili &
Black Pepper

über 50 Jahren gleichbleibender Beliebtheit erfreuen. Und so wundert es nicht, dass die großen Schokoladenkonzerne ab den 70er-Jahren hier verstärkt auf besondere Spielarten wie die cremigen Noisette- oder die fruchtigen Trauben-Nuss-Tafeln setzten.

Ab den 80er-Jahren explodierte das Angebot förmlich: Neben saisonabhängigen Trends wie z.B. Fruchtkombinationen im Sommer und alkoholisierten Tafeln im Winter bereicherten auch neue Cremefüllungen z.B. mit Joghurt den Markt.

In den letzten Jahren eroberten dann vor allem würzige und scharfe Aromen die Welt der Schokolade. Tafeln mit Chili oder Meersalz liegen seitdem im Trend. Heute scheint dabei alles möglich: Ob Schokoladen mit blumigen Geschmacksnoten wie Rose oder Veilchen, extravaganten Alkoholzugaben wie Absinth und Mandellikör oder beliebten anderen Geschmacksvarianten wie Tee oder Kaffee – wer ein Stückchen einer ganz besonderen Schokolade genießen möchte, steht heute vor einer keinesfalls nur süßen, sondern auch herben, würzigen oder frischen Qual der Wahl.

Ein Ende der Entwicklung ist noch lange nicht in Sicht, vor allem auch deshalb, weil die Chocolatiers auch bei den Zutaten selbst immer wieder neue Kombinationen ausprobieren wie Erdbeere mit Pfeffer, Tomate mit Olive oder Mousse au Chocolat mit besonderen Likören. Die folgende Übersicht der verschiedenen Geschmackswelten kann so die Vielfalt der Produkte nur anreißen – zu entdecken und vor allem zu probieren gibt es Hunderte von weiteren, zum Teil überaus leckeren Geschmackswelten.

Nüsse und Mandeln

Glaubt man eine der vielen Geschichten über Schokolade, so geht die Erfindung der Praline auf eine mit Schokolade überzogenen Mandel zurück (siehe S. 219). Dies allein wirft schon ein kleines Streiflicht auf die Bedeutung, die Nüsse und Mandeln in der Welt der Tafelschokolade einnehmen. Die knackigen Kerne beschränken sich dabei längst nicht mehr nur auf Haselnüsse und Mandeln: Walnüsse, Pistazien und Erdnüsse sind inzwischen genauso in Schokoladentafeln zu finden wie Macadamia-, Zedern- oder Tigernüsse. Bei letzteren handelt es sich strenggenommen gar nicht um Nüsse, sondern um die nuss- oder auch mandelartig schmeckenden Knollen der Erdmandel (Cyperus escuklentus).

All diese Kerne gehen – ob im Ganzen, als grob gehackte Stücke, kleine Splitter oder zermahlen – schmackhafte Verbindungen mit Kakao ein; ganz gleich ob dieser zu dunkler, hochprozentiger Schokolade oder zu süßlicherer Milchschokolade verarbeitet wird. Hergestellt werden dabei ganz unterschiedliche Varianten: Auf der einen Seite stehen Kombinationen, die den Geschmack der Zutaten klar herausstellen. Besonders deutlich wird dies bei Tafeln mit ganzen Nüssen: Hier zergeht die Schokolade auf der Zunge, während die Nüsse zunächst lustvoll zerkaut werden müssen, bevor sie ihre Aromen entfalten.

Auf der anderen Seite stehen Schokoladen, die auf ein wesentlich einheitlicheres Geschmackserlebnis setzen. Hier unterstreichen die nussigen Aromen eher die des Kakaos als sie zu dominieren. In einer weiteren Variante werden den Schokoladen neben den Kernen zudem weitere Zutaten beigegeben wie Fruchtaromen oder Gewürze.

Um qualitativ hochwertige Produkte herzustellen, kommt es auch hier wieder entscheidend auf die Qualität der verwendeten Zutaten an. Feinere Produkte heben sich vom Massenmarkt nicht nur durch die Verwendung von edlerem Kakao ab, sondern auch durch besonders schmackhafte Kerne aus ausgewählten Anbaugebieten – wie z. B. Walnüsse aus Frankreich oder Haselnüsse aus dem Piemont.

Engagierte Chocolatiers setzen dabei vor allem auch auf biologisch kontrollierten Anbau. Empfehlenswert sind vor allem solche Produkte mit detaillierten Angaben zu Art und Herkunft der Kerne. Allerdings: Qualität hat auch hier seinen Preis.

Cremeschokoladen

Sie sind die Pralinen unter den Tafelschokoladen – die Riegel mit den feinen Cremefüllungen. Denn ganz genauso wie bei diesen umschließt die Schokolade hier in erster Linie eine Füllung, den Kern der Kakao-Köstlichkeiten. Allein schon beim Aufbrechen oder Anbeißen kann man die unterschiedlichen Schichten bzw. die Füllung zumeist gut erkennen – und erst recht beim Probieren deutlich herausschmecken.

Aufgrund der Füllungen werden Cremeschokoladen anders hergestellt als ihre Geschwister: Während diese die Rohformen vollflächig bedecken, wird zur Herstellung einer Cremeschokolade die Form zunächst nur mit Schokolade ausgeschwenkt. Sobald die so entstehende, recht dünne Schokoladenschicht erkaltet ist, wird die Form dann mit der Creme gefüllt. Abschließend wird in den großen Produktionsstraßen ein „Schokoladendeckel" aufgebracht, sodass die Füllung komplett umschlossen ist. Einige Hersteller tragen ihre Füllungen aber auch schichtweise auf einen „Schokoladenboden" auf und überziehen diesen abschließend mit Schokolade – ähnlich also wie bei der Pralinenherstellung.

Theoretisch kann man die Schokolade mit allem füllen, was sich zu einer cremigen Masse verarbeiten lässt – deshalb ist die Auswahl an Cremeschokoladen besonders groß. Grundsätzlich kann man aber zwei Richtungen unterscheiden: Auf der einen Seite stehen Füllungen, die sich sowohl im Geschmack als zum Teil auch in der Farbe stark kontrastierend zum Schokoladenmantel präsentieren. Dazu zählen z.B. Joghurt- oder verschiedene Fruchtfüllungen. Weisen erstere besonders hohe Milch- bzw. Joghurtanteile auf, so werden letztere häufig als Fondants zubereitet:

Zucker und Glukosesirup bilden die Basis für eine dickflüssige Masse, der z. B. Fruchtmus zugesetzt wird, um dieser cremigen Füllung das gewünschte Aroma zu verleihen.

Auf der anderen Seite stehen Produkte, bei denen auch die Füllung einen deutlichen Schokoladengeschmack aufweist wie z. B. bei einer Mousse-au-chocolat-Tafel. Bei diesen Cremeschokoladen ergibt sich so ein wesentlich einheitlicheres „schokoladiges" Geschmacksbild.

Die Nähe zur Praline wird besonders deutlich, wenn die Cremeschokolade von einer Ganache geprägt wird, der wichtigsten Grundmasse bei der Pralinenherstellung (siehe S. 222). Die bekanntesten Beispiele dieser Richtung sind die so genannten Trüffel-Schokoladen, die es – wie ihre berühmten Pralinengeschwister – in verschiedenen Varianten gibt, allen voran mit Alkoholaromen. Einige Hersteller verbinden auch verschiedene Füllungen miteinander – beispielsweise Schokoladenmousse mit Fruchtfondant oder Alkohol.

Weltweit am meisten geschätzt und gekauft aber werden Nuss-Nougat-Produkte. Bei den feinen Pasten aus zermahlenen Haselnüssen gibt es allerdings erhebliche Unterschiede, die vor allem auch durch nationale Traditionen geprägt sind. So schmeckt z. B. eine Schweizer Nuss-Nougat-Tafel anders als eine italienische nach traditionellem Gianduia-Rezept.

Fruchtschokoladen

Die Kombinationsmöglichkeiten von Schokolade und ausgesuchten Früchten eröffnen den Chocolatiers eine überaus reizvolle Spielwiese. Denn so unterschiedlich sich die Früchte selbst präsentieren, so vielfältig bereichern sie auch

die Welt der Schokolade: Limone und Zitrone sorgen für eine frische Note während Apfel und Orange belebend wirken. Kiwi und Mango verleihen ihr einen exotischen Touch, Himbeeren und Blaubeeren hingegen unterstreichen Eleganz und Raffinesse. Und Erdbeer-Schokolade erleben viele als eine besondere Verführung.

Doch nicht nur die unterschiedlichen Geschmacksrichtungen, auch die Art und Weise, wie die Früchte eingesetzt werden können, eröffnen vielseitige Möglichkeiten:

Die Verarbeitung von Fruchtkonzentraten oder -aromen ermöglicht unterschiedliche Intensitäten – die Tafeln schmecken recht fruchtig, ohne dass die Früchte selbst zu sehen oder zu spüren sind. Oft bereichern natürlich auch ganze Frücht-

chen oder Fruchtstücke das Schokoladenerlebnis – entweder in getrockneter Form, wie bei Rosinen oder Beeren, oder auch als kandierte Fruchtstückchen.

Die Auswahl der verwendeten Kakao- bzw. Schokoladensorten ist vielfältig: So paaren sich weiße Schokolade mit Limone oder Himbeere, Milchschokolade mit Erdbeere oder Preiselbeere und dunkle Schokolade mit Orange oder Guave. Abgerundet wird das Spektrum der Fruchtschokoladen schließlich durch das Zusammenspiel mit Gewürzen wie Vanille oder Pfeffer, alkoholischen Zusätzen oder Kaffeearoma und natürlich mit Nüssen oder anderen Kernen.

Gewürze & Kräuter

Der Siegeszug der Schokolade wäre ohne die Kombination mit Gewürzen und Kräutern nicht denkbar. Schon die Azteken und Tolteken milderten so unter anderem mit fermentierten, kleingeschnittenen Vanilleschoten den bitteren Geschmack ihres Kultgetränks ab. Vanille und auch Zimt gehören so zu den großen Klassikern der Schokoladenproduktion.

Doch gerade in den letzten Jahren hat die Liaison auch anderer Gewürze und Kräuter mit Schokolade einen wahren Boom erlebt. Das Angebot auch auf den ersten Blick exotisch anmutender Kombinationen ist mittlerweile fast unüberschaubar. Zu den Bestsellern zählen in experimentierfreudigen Genießerkreisen so beispielsweise auch Schokoladen mit Meersalz oder mediterranen Kräutern, mit Pfeffer oder Chili.

Dabei gehen die Gewürze ihre Allianzen mit Schokoladenprodukten auf ganz unterschiedliche Weise ein: Die einen dienen eher zur Unterstützung der kakaotypischen Aromen und halten sich dezent im Hintergrund, andere drängen sich nach vorn und prägen das Geschmackserlebnis nachhaltig. Auch hier geht Probieren über Studieren –

selbst Skeptiker können bei Gewürzschokoladen lohnenswerte Geschmacksüber-
raschungen erleben. An dieser Stelle soll
eine kleine Auswahl Einblick in die un-
glaubliche Vielfalt der klassischen und
trendigen Aromenwelt geben:

VANILLE: Als der Klassiker schlechthin
dient Vanille. Als herausragend gelten
Bourbon-Vanille (benannt nach dem Verfahren der Fermentation) aus Madagaskar und aus Réunion sowie Mauritius-
Vanille und solche aus Mexiko. Gourmets
wissen echtes Vanillearoma in Schokolade zu schätzen – und nicht ein künstlich
erzeugtes Aroma.

ZIMT: Die würzige Rinde des in den Tro-
pen beheimateten Echten Zimtbaums
bzw. ihr Öl ist bekannt und beliebt für ihr
den Schokoladengeschmack verstärken-
des Aroma. Zimt kannte man schon vor
Jahrtausenden in China und auch im alten Ägypten als Heil- und Gewürzmittel.
Ceylon-Zimt gilt als besonders edel.

KORIANDER   UND   KARDAMOM:
Auch die aus der orientalischen und der
südostasiatischen Küche bekannten Gewürze Koriander und Kardamom harmonieren bestens mit Schokolade. In eini-

gen Ländern kennt man ihre Aromen aus weihnachtlichem Gebäck wie Lebkuchen; in vielen arabischen Ländern würzt man mit Kardamom auch Kaffee und Tee.

INGWER: Vom tropischen Ingwer wird die Wurzel als Heil- und Würzmittel geschätzt – in Schokoladen-Produkten findet man sie in unterschiedlicher Form: So etwa als natürliches Aroma, als Gewürz – also getrocknet und gemahlen – oder auch in Form von Sirup oder Fruchtstückchen. Vielerorts sind zudem kandierte, zum Teil auch mit Schokolade überzogene Ingwerstücke beliebt.

ANIS: Anetheol heißt der geschmacksbestimmende Stoff im Anis, der nicht nur den vor allem im Mitteleerraum beliebten Anisee-Getränken wie Pastis oder Sambuca ihren typischen Geschmack verleiht. Auch in Backwaren und Süßigkeiten wird das Gewürz eingesetzt – und so wundert es kaum, dass es auch die Chocolatiers für ihre Kreationen verwenden. Dezent eingesetzt, verbindet sich Anisaroma harmonisch mit Milch- wie auch mit dunklen Schokoladen.

KRÄUTER: Der frische Geschmack von Minze harmoniert wunderbar vor allem mit kräftigen, dunklen Schokoladen – und hat sich so nicht nur in Großbritannien schon lange seine Fangemeinde erobert. Basilikum hingegen klingt zunächst ungewöhnlich in der Kombination mit Schokolade, sorgt aber für eine durchaus aparte, frische Note. Lavendel ist für viele schon eher gewöhnungsbedürftig – zu sehr denkt man an Seifen- und Parfümduft. Trotzdem sollte man eine Probe wagen – ein Hauch von Lavendel in der Schokolade hat schon manchen Genießer positiv überrascht.

CHILI UND ANDERE SCHARFMACHER: Scharfe Schokoladen erleben in den letzten Jahren eine Art Wiedergeburt – die Kombination mit Chili oder Pfeffer ist nämlich schon uralt. Bereits die Urväter des Kakaotrunks würzten nämlich ihre Trinkschokolade mit diesen intensiven Gewürzen, vor allem, um ihren so bitteren Geschmack zu überlagern. Heute sorgen die Scharfmacher für pikante Würze: ob in winzigen Stückchen oder in getrockneter Form.

Chili-Schokoladen können ganz unterschiedlich schmecken – einige treiben einem schon beim ersten Biss die Tränen in die Augen; angenehmer schmecken die feurigen Vertreter allerdings meist, wenn sich die Schärfe erst nach dem Kakaogeschmack langsam auf der Zunge entfaltet und beide Aromen sich erst im Abgang harmonisch miteinander verbinden.

Nicht nur bei Chili-Schokolade kann es lohnen, verschiedene Sorten zu kosten. Auch bei anderen scharf-würzigen Aromen wie den verschiedenen Pfeffersorten – ob schwarz, grün oder rot, aus Szechuan oder Madagaskar – oder auch bei Peperoncino-Produkten lohnt der Vergleich. Pfeffer wird auch gern mit weiteren, oft fruchtigen, Aromen kombiniert – eine besonders beliebte Paarung ist grüner Pfeffer mit Erdbeere.

Schokolade mit Alkohol

Sie verbinden zwei Genusswelten, die sich auf ideale Weise ergänzen: Schokoladen mit Alkohol. Auf der einen Seite federt der Kakao den oft kräftigen Geschmack von Spirituosen ab, andererseits bereichern die vielfältigen Aromen der Brände diejenigen der Schokolade um eine Vielzahl feiner Nuancen.

Vor allem hochprozentigere Spirituosen finden sich in vielen Tafeln. Grundsätzlich zeigt sich, dass dunkle, ausgeprägte Brände wie zum Beispiel Rum oder Weinbrand sehr gut mit dunkler, hochprozentiger Schokolade harmonieren. Klare Alkoholika wie Obstgeist oder Grappa vertragen sich hingegen auch sehr gut mit Schokoladen, die keinen so hohen Kakaoanteil aufweisen. Dazu zählt neben Milchschokolade auch weiße Schokolade.

Es leuchtet ein, dass die Qualität dieser Tafeln auch mit der des verwendeten Alkohols steht und fällt, wobei nur in den seltensten Fällen wirklich erlesene Spitzenqualität unter den Kakao gerührt wird. Genauso wichtig für den Geschmack aber ist die Menge des verwendeten Alkohols und die Abstimmung auf die anderen Inhaltsstoffe.

Gerade auch bei dieser Schokoladenart zeigen sich deutlich Trends, die oft den aktuellen In-Produkten der Getränkeindustrie folgen: So kamen die ersten Tafeln mit Grappa oder Marc erst auf den Markt, als sich die Tresterbrände auf breiter Front durchsetzten. Heute gibt es selbst Schokoladen mit Kräuterschnapsgeschmack. Nicht selten gehen die großen der Schokoladen- und Spirituosenbranche auch Jointventures ein, indem Tafeln mit dem Geschmack eines namentlich benannten Markenbrandes kreiert werden. Und selbst beliebte Cocktailvarianten finden sich in den Schokoladenregalen wieder.

Ein recht junges Segment stellen Schokoladen mit Wein dar. Diese Produkte greifen die beliebte Genusskombination von fester Schokolade mit flüssigem Wein auf, indem sie vor allem Rotweinsorten direkt mit Kakaoprodukten verbinden.

Hervorragende und sehr beliebte Kombinationen ergeben sich zudem im Zusammenspiel von Schokolade und Alkohol mit weiteren Geschmacksträgern. Zu den Klassikern gehört hier beispielsweise Rum-Trauben-Nuss. Obstbrände wie Himbeergeist oder Birnenbrand können den Geschmack von fruchtigen Schokoladen vor allem dann abrunden, wenn sie mit gleichen oder ähnlichen Früchten aromatisiert sind.

In der Regel zählen die Schokoladen mit Alkohol zu den Cremeschokoladen. Dann sind sie mit einer Ganache gefüllt, der zuvor der Alkohol untergemischt wurde. Manchmal werden aber auch z. B. in Rum oder Wein „gebadete" Früchte wie Rosinen zugegeben. Zu den Besonderheiten der Schokoladenwelt gehören zudem Schokoladen mit einem bestimmten Alkoholgeschmack, die allerdings keinen Alkohol enthalten.

Weitere Welten

Die Liste der vielfältigen Kombinationen, die sich in den Tafelschokoladen vereinen, ließe sich fast endlos fortsetzen. So spielen zum Beispiel nicht nur Alkoholika bei der Bereicherung von Schokolade eine wichtige Rolle, sondern auch viele andere Getränke, allen voran Kaffee- und Teesorten. Auch hier setzen die Chocolatiers wieder auf besonders genussversprechende und tradierte

Ess- und Trinkgewohnheiten wie eben das Stück Schokolade zur Tasse Kaffee oder Tee. Bei Kaffeebohnen sind vor allem kräftige, starke Arabica-Sorten, die italienischem Espresso oder französischem Café ihren typischen Geschmack verleihen, besonders gefragt. Ihre charakteristischen Aromen passen hervorragend zu dunklen Schokoladen.

Bei Tee hingegen setzt man sowohl auf die Kombination mit Milch- als auch mit dunkler oder sogar weißer Schokolade. Hier kann man mittlerweile sogar zwischen Schokoladen mit ganz bestimmten Teesorten wie Earl Grey oder Grünem Tee wählen.

Während diese Schokoladen noch weitgehend bekannte Geschmackswelten repräsentieren, betreten viele Schokoladenfans beim Testen von Kombinationen mit Blütenaromen Neuland. Aber auch hier gibt es mittlerweile zahlreiche Angebote, von Hibiskus- über Kamille bis hin zu Rosen- und Veilchenaroma. Zudem findet man auch Tafeln mit Lakritz oder Mohn und selbst solche mit Bergkäse in den Sortimenten der Schokoladenhersteller. Der Blick in die Schokoladenregale bleibt also spannend – vor allem auch im Ausland. So lassen sich z.B. in Holland Eiscreme-Tafeln entdecken oder in Frankreich Honig-Schokoladen. Und wer weiß schon, was morgen Neues auf die Fans wartet?

Frischschokoladen

Sie sehen wunderschön aus, sind äußerst exquisit und ein absolutes Trendprodukt: Die Frischschokoladen, auch als Bruchschokolade bekannt. Sie wurden ursprünglich für den direkten Verkauf – von der Theke weg – und für den schnellen, frischen Verzehr hergestellt.

In zahlreichen Chocolaterien oder auch auf Märkten findet man sie plattenartig und unverpackt in den Auslagen. Hier kann man sich – wie an einer Käsetheke – ein Stück davon abbrechen und abwiegen lassen. Dies wird dann meist in Cellophan verpackt und sollte baldmöglich verzehrt werden. Denn Frischschokoladen schmecken natürlich am besten, wenn sie wirklich frisch sind.

Das Besondere an diesen Schokoladen ist nicht so sehr die Herstellung, die sich kaum von der anderer unterscheidet. Es sind vielmehr Optik und Geschmack. Der Anspruch auf Frische und ihr schönes Aussehen lassen sie so attraktiv erscheinen. Frischschokoladen werden oft besonders edle Zutaten beigemischt – etwa karamellisierte Haselnüsse aus dem Piemont oder Mandeln aus Kalifornien. Und diese werden nicht einfach nur untergemischt, sondern oft äußerst dekorativ auf der Oberfläche präsentiert. Bei kaum einer anderen Schokoladenart lassen die Hersteller ihrer Kreativität so freien Lauf wie hier.

Es scheint geschmacklich kaum Grenzen zu geben: Ob Dill mit grünem Pfeffer, Himbeere mit Malve oder Rosenblüten mit Chili, ob Banane, Brandy oder Bier – bei Frischschokoladen ist offensichtlich nichts unmöglich. Das Konzept scheint aufzugehen: Denn offenbar haben gerade die Attribute „frisch" und „ausgefallen" dazu geführt, dass Frischschokolade inzwischen auch in Feinkosthandlungen und selbst im Internet bezogen werden kann. Wie frisch diese Produkte dann allerdings tatsächlich sind, darf hinterfragt werden. Die Haltbarkeit von Frischschokoladen beträgt nämlich in der Regel nur einige Wochen.

Kleine Leckereien

Spielarten der Schokolade

Mit Schokolade durch den Tag

Schokoladenliebhaber wissen es längst: Die Süßwarenindustrie verlockt uns mit Kakaoprodukten in unzähligen Spielarten. Die Auswahl an Leckereien auch jenseits von Tafel- und Trinkschokoladen ist dabei so vielfältig, dass man beispielsweise seinen ganzen Tag damit versüßen kann:

Das beginnt schon beim Frühstück mit Schokomüsli oder Nougataufstrich. Im Laufe des Vormittags warten auf uns Schoko-Dragees oder kleine Waffeln mit Schokoladeneinlage. Nach dem Mittagessen freuen wir uns über ein leckeres Schokoladeneis und nachmittags finden sich Gebäck und Kuchen mit Schokoladenfüllung auf dem Kaffeetisch. Abends schließlich kann der Schokoladenfan den Tag mit einem Schlückchen feinem Kakaolikör beenden.

Saisonale Produkte

Besonders groß ist die Auswahl an Weihnachten und Ostern: Ob Weihnachtsmänner oder

Osterhasen, Schokosternchen oder gefüllte Eier – die Festtage sind immer auch Tage des Schokoladenschmauses. Da wundert es nicht, dass Ostern vor allem ein Feiertag für die Süßwarenindustrie ist: Zu keiner anderen Zeit werden so viele Schokoladenspezialitäten verkauft.

Schokoladen-Dragees

Sie schmelzen im Mund, nicht in der Hand – die Schoko-Dragees mit Schokoladenkern und Zuckerguss-Mantel. Die wohl bekanntesten sind die Smarties, ein europäisches Produkt mit Vollmilchgeschmack.

Der Verbrauch der bunten Schokopillen ist so hoch, dass man laut Hersteller Nestlé mit der Jahresproduktion eine Drageekette von der Erde bis zum Mond spannen könnte. Die Smarties konkurrieren dabei heftig mit den M&Ms der amerikanischen Mars Incorporated. Und unter Fans ist es Kult darüber zu streiten, welche Sorte besser ist – ähnlich wie bei Coca Cola und Pepsi Cola.

Doch nicht nur die große Süßwarenindustrie stellt Drops her: In Frankreich beispielsweise gibt es eine kleine Manufaktur, die ihre Schokolade mit buntem Zuckerguss zu täuschend echt aussehenden Blumensträußen verarbeitet.

Doch der Markt bietet nicht nur bunte Perlen: Pfefferminz-Schokolinsen beispielsweise haben ihren ganz eigenen Fankreis, besonders auch in Frankreich. Die ätherischen Öle der Minze sorgen für einen kühlenden Effekt im Mund. Und längst gibt es auch hier Edelprodukte von ambitionierten Herstellern mit hohem Kakao- und geringem Zuckeranteil.

Findige Produzenten bieten ihre Schokoladen-Dragees auch im individuellen Design an. So lassen sich champagnerfarbene Süßigkeiten beispielsweise für die eigene Hochzeit mit den Vornamen der Brautleute und dem Hochzeitsdatum bedrucken.

Schoko-Riegel

So wie viele Moden und Trends, stammen auch diese beliebten, mit Nüssen, Karamell, Marzipan oder anderen Cremes gefüllten Schokoladenprodukte in Riegelform aus Amerika.

Milton Hershey war der Mann, der zuerst auf die Super-Idee kam, die köstliche Süßware in einem handlichen Riegel – zum Mitnehmen oder englisch „for to go"

zu produzieren. In den beiden Weltkriegen trugen die amerikanischen Soldaten den nahrhaften Snack als „schokoladige" Reserve bei sich.

Was mit dem Sternchen-Hit „Milky Way" begann, sollte den Weg für Stars wie Snickers und Mars ebnen. Seitdem haben sich weltweit zahlreiche Produkte dieser Art, „als längste Praline der Welt" oder als „lila Pause" auf den Weg in die Taschen der Leckermäuler gemacht.

Während diese Produkte vor allem auch dank ihrer Süße den Massengeschmack treffen, greifen Feinschmecker zum Riegel aus dunkler Schokolade, der auch schon einmal mit einer feinen Trüffel-Ganache gefüllt sein darf. Aber nicht nur bei den Zutaten hebt man sich ab, sondern auch in den Formen, die zum Teil so abstrakt sind, dass sie an moderne Kunstwerke erinnern.

Nüsse und Mandeln

Der größte Teil der Haselnuss- und Mandelernte aus den Mittelmeerländern und Amerika wird heute in der Süßwarenindustrie verarbeitet. Nüsse und Mandeln

spielen aber nicht nur als Zutat für Tafelschokoladen oder Marzipan eine Hauptrol-
le, sondern erfreuen sich auch mit hellem
oder dunklem Schokoladenüberzug großer
Beliebtheit. Diese Produkte finden sich oft
als stark gesüßte Supermarktware a là
M&M peanuts in den Einkaufskörben.

Aber auch der anspruchsvolle Gaumen, der die als hochwertig geltenden
Nüsse und Mandeln aus besten Anbaugebieten mit einer Glasur aus reinen Kakaosorten bevorzugt, findet ausgesuchte Kreationen. Dazu zählen z.B. auch edle Beeren
und Früchte mit feinstem Schokoladenüberzug.

Mit zunehmender Genussfreudigkeit
der Schokoladenkenner hat sich eine weitere – absolut kakaoige Köstlichkeit etabliert:
Kakao- oder Kaffeebohnen im Schokoman-
tel. Dazu werden die Kakaobohnen – genau wie die Kaffeebohnen – karamellisiert,
mit Schokolade überzogen und mit Kakaopulver gepudert. Diese Bohnen kommen
meist aus kontrolliert biologischem Anbau,
genau so wie die für den Schokoladenüberzug verwendeten Bohnen. Vor allem
als bittersüßes Kakaoerlebnis mit dunkler
Zartbitterschokolade adeln die überzogenen Bohnen jeden Kaffeegenuss.

Gebäck mit Schokolade

Die Gebäckindustrie findet in Kakao und Schokolade einen unverzichtbaren Partner für ihre zahlreichen Knabberprodukte. Kekse, Plätzchen oder Waffelröllchen kommen in den vielseitigsten Formen und Rezepturen daher.

In Deutschland sind besonders Butterkekse beliebt, die man mit edelherber oder hellerer Milchschokolade überzieht. Im Trend liegen zudem Sticks oder Kekse in länglich-ovaler Form, die man ganz leicht in Kaffee oder Kakao eintauchen kann. Aber auch im Sandwichformat, also als zarter Keks mit Schokocremefüllung, ist das Gebäck ein beliebter Snack für zwischendurch.

Die berühmten italienischen Cantuccini sind ein klassisches Mandelgebäck in der Form kleiner Brote, und längst auch mit Kakaogeschmack erhältlich. So wird der beliebte Dipp-Knacker auch zum schokoladigen Begleiter von Tee und Kaffee. Die italienischen Waffelkreationen, die aus zwei Waffelblättern gefüllt mit zarter Kakaocreme bestehen, sind ebenso klassische Schokoladen-Spezialitäten auf dem Stiefel.

Aber auch in Frankreich, Holland oder Spanien füllen verschiedenste mit Schokolade gefüllte oder überzogene Keks- bzw.

Blätterteig-Produkte die Regale der Supermärkte und Feinkostläden. Selbst hoch im
Norden weiß man die Kombination von Gebäck und Schokolade zu schätzen. Schotti-
sches Buttergebäck beispielsweise enthält ganze Stückchen feinster dunkler Schokolade.

Schokoladeneis

Schokoladeneis ist ein Klassiker unter den
Speiseeis-Sorten und ein Bestseller unter den
eisigen Naschereien. Ob als Kugel frisch aus
der Eisdiele, am Stiel mit festem Schokoladenüberzug oder als Star einer feinen Des-
sertvariation – nicht nur an heißen Sommer-
tagen ist es ein wahrer Hochgenuss. Hergestellt wird es aus Milcheis, also aus einer Mischung aus Milch, Sahne und Zuckersirup,
der Kakao oder Schokolade beigefügt wird.
Man kann es pur genießen, gerne erscheint es
aber auch im Duett mit Nüssen und Krokant-
splittern.

Wie bei allen anderen Schokoladen-Spiel-
arten gibt es auch beim Eis eine ganze Reihe
nationaler Spezialitäten. Die wohl berühmtes-
te ist sicherlich das italienische Stracciatella,
ein Sahneeis, das mit feiner geraspelter Zartbitterschokolade weltweit seine Fans gefunden hat.

Brotaufstriche

Ob als feine Creme, kleine Streusel oder ganze Tafel: Schokolade paart sich auf vielen Frühstückstischen ganz hervorragend mit frischem Brot, ganz gleich, ob auf französischem Baguette, deutschem Brötchen oder amerikanischem Toast.

Vor allem die Nuss-Nougat-Cremes erfreuen sich größter Beliebtheit. Dabei ist der cremig-süße Superstar keineswegs eine Erfindung des American Way of Food – sondern eine alte europäische Schokoladenkreation. Schon im Italien des 19. Jahrhunderts erfand man die Creme, die bis heute als eine Delikatesse unter den hochwertigen Schokoladenprodukten gilt.

Ein findiger Unternehmer namens Ferrero begann 1940 diese italienische Feinkostcreme industriell herzustellen. Mit einer Wortkreation aus dem englischen „Nut" und der italienischen Verniedlichungsform „ella" wurde die Nutella geboren, ein starker Markenname, der sich bis heute als Oberbegriff für jede Art von Nuss-Nougat-Creme eingebürgert hat.

Das Markenprodukt und seine preiswerten Nachahmer bestehen in erster Linie

aus gerösteten Haselnüssen, Kakao, Milchpulver und viel, viel Zucker. Und genau dies
ist bei den edleren Varianten, die vorzugsweise in Italien produziert werden, anders.
Statt dominierender Süße bieten sie zum Teil
überragenden Kakaogeschmack, das allerdings zu einem weitaus höheren Preis.

In Holland weiß man eine ganz andere
Art von Schokoladenbroten zu schätzen:
Hier haben morgens kleine Schoko-Streusel
eine lange Tradition. „Hagelslag", wie sie im
Original heißen, laufen vor allem auf einem
warmen Toast zu Top-Form auf: Sie schmelzen leicht an und entwickeln ein wunderbar
schokoladiges Aroma.

Schokoladenfans in Deutschland wissen
hingegen gleich ganze Täfelchen auf ihren
Brötchen zu schätzen. Die „Eszet"-Schnitten,
wie sie sich nennen, finden sich bereits seit
Jahrzehnten auf dem Frühstückstisch wieder. Die Ursprungsfirma wurde zwar längst
von einem großen Konzern gekauft, an die
Firma Eszet erinnert aber nach wie vor eine
Stuttgarter Stadtbahn-Haltestelle.

Und wem diese Auswahl noch nicht
reicht, der kann sein Brot auch mit feinen
Schokoflocken oder gleich mit seiner Lieblingsschokolade verputzen.

Schokoladen-Fantasien

Die Liste der kleinen süßen Verlockungen aus Schokolade ließe sich fast endlos fortsetzen. Kreative Produktdesigner der Süßwarenindustrie erfinden zudem immer neue und oft außergewöhnliche Produkte – vom Schokotelegramm mit essbaren Buchstaben über Schoko-Liebeskummer-Pillen in der feinen Dose bis hin zum Schoko-Bodypainting.

Schokobonbons beispielsweise vertreten eine beliebte Mitnehm-Variante für den süßen Zahn. Deutsche „Schokoriesen", französische „Mi-Cho-Ko", englische „Quality Street Toffees", belgische „Chocotoffs" oder die amerikanischen Power-Pakete „Star Buzzer's Rocket Chocolate" mit Koffein – all dies findet man beim Griff in die Bonbontüte.

Zu den kleinen und feinen Spezialitäten zählen auch in Kakao oder Schokolade gewendete und zum Teil abenteuerlich aromatisierte „Mini-Knöllchen" – in ihrer ursprünglichen Form belassene Beeren, Kerne und Fruchtstücke. Besonders Ausgefallenes kommt vom österreichischen Kreativ-Kopf Zotter: Moosbeeren in Hibiskus, Walnüsse in Safran oder Ingwer mit Gelbwurz, allesamt in Schokolade gewälzt.

Eine weitere Schokovariante präsentieren Süßwarenhersteller und Chocolatiers mit ihren Geleefrüchten in Schokolade. Das gelierte Fruchtmark

von Sauerkirschen, Ananas, Banane, Erd-
beeren, Zitronen und anderen wird je
nach Hersteller mit – mehr oder weniger
kakaohaltiger – Schokolade überzogen
und in feinen Tüten und edlen Dosen als
buntes Konfekt angeboten. Die Londoner
Pralinenmanufaktur Prestat ist für ihre
getrockneten Früchte, wie beispielsweise
die in edle Bitterschokolade getauchten
Aprikosen, berühmt.

Aber auch auf cremig luftige „Scho-
koküsse" hat es die Schokolade gebracht.
Bei Kindern sind die klebrigen Süßigkeiten oft in den Schultaschen als verkannte
Energiebringer vertreten. Ein traditioneller Schokokuss – gezuckerter Eiweiß-
schaum auf einer Waffel mit Schokoladen-
glasur – findet sich manchmal sogar zwischen zwei Brötchenhälften und ist als
„Matschbrötchen" oder in Österreich als
„Bombensemmel" berühmt berüchtigt.

Doch damit nicht genug: Schokolade
ist längst auch eine äußerst delikate Liaison mit dem Alkohol eingegangen. Scho-
koladenliköre nennen sich die cremig-fei-
nen Getränke, die es nicht nur in einfachen Flaschen, sondern auch in mit Leder
umhüllten Edelflakons gibt. Na dann:
Wohl bekomm's!

Pralinen

Kleine Kunstwerke

Die hohe Kunst der Chocolaterie

Sie sind kleine Meisterwerke großer Confiseurkunst: Die Pralinen. Kein anderes Schokoladenprodukt bietet ein so vielfältiges und – im wahrsten Sinne des Wortes – vielschichtiges Sinnesvergnügen wie sie. Denn es sind nicht nur die feinen Geschmackswelten, die die Praline auszeichnen – sondern oft auch ihr überaus schönes Aussehen, das sie so wertvoll und begehrenswert erscheinen lässt.

Die verführerischen Köstlichkeiten präsentieren sich nämlich als die Haute Couture des Chocolatier-Metiers: Die Meister ihres Faches überziehen ihre Schokoladen-Kreationen mit wunderbar stilvollen und äußerst prächtigen Hüllen – ganz genau so, wie Modedesigner die Schönen und Reichen dieser Welt mit großen Roben bekleiden.

Viele Edelpralinen zieren kunstvoll herausgearbeitete Objekte wie

kleine Blüten oder klassische Ornamente. Andere Confiseure adeln die matt glänzenden Oberflächen mit echtem Goldstaub. Und auf dritten finden sich farbenprächtige Muster oder handwerklich perfekt aufgebrachte Zeichnungen und Schriftzüge.

Kaum ein Werk, das die Chocolatiers von Hand fertigen, gleicht wirklich dem anderen – jedes ist ein Unikat mit individuellem Aussehen, vor allem aber mit individuellem Geschmack.

Edle Zutaten & feinste Aromen

Denn so kunstvoll die Hüllen sind: Das wichtigste bei einer Praline ist ihr Geschmack – und der präsentiert sich äußerst vielfältig. Das Spektrum reicht von einem vollmundigen Kakao über feinste Nuss- und Blumenaromen bis hin zu flüssigem Alkohol.

Allerdings: Nicht alles, was sich die Genießer als Praline auf der Zunge zergehen lassen, darf sich auch so nennen. Denn nach der Gesetzgebung der Europäischen Gemeinschaft (siehe S. 96) muss eine Praline zu mindestens 25 % aus Schokolade bestehen. Und an diesem Kriterium scheitern nicht nur billige, überzuckerte Produkte, sondern auch viele der beliebtesten und schönsten Kreationen wie beispielsweise Schichtnougat oder Marzipan-Spezialitäten.

So erklärt es sich, warum auf vielen Verpackungen oder Produktbeschreibungen fantasiereiche Inhaltsumschreibungen zu finden sind wie „Edelpralinees" oder „Meisterwerke der Chocolatierskunst". Aber weder die Bezeichnung „Praline" noch einer dieser Fantasienamen lässt auf die Qualität schließen – das Wort Praline sagt eben nur etwas über den Schokoladenanteil aus.

Zwei Welten

Wie bei der Tafelschokolade auch, ist nicht alles Gold, was auf den Silbertabletts von Konditoren oder in den perfekt designten Schachteln der Schokoladenindustrie glänzt: Auch – oder besser: besonders – bei den Pralinen gibt es erhebliche Qualitätsunterschiede. So ist ein preiswertes Massenprodukt nur der Form nach mit einer edlen Meisterpraline zu vergleichen – geschmacklich trennen sie Welten.

Sicher: Auch unter den großen Pralinenherstellern, die ihre Produkte rund um den Globus vertreiben, finden sich Trüffel, Schichtnougat oder Marzipan-Kreationen, die ein herausragendes Geschmackserlebnis bieten. Leider aber finden sich vor allem in den Regalen von Supermärkten oftmals nur recht einheitliche Massen, die schlichtweg einfach nur nach Zucker schmecken – und das noch dazu zu einem Preis, der nicht gerechtfertigt ist.

Der Fairness halber muss allerdings auch gesagt werden, dass es umgekehrt auch Confiseure gibt, die ihr Handwerk nicht zu verstehen scheinen oder glauben, dem vermeintlich übersüßen Massengeschmack hinterherhecheln zu müssen. Hier die Spreu vom Weizen zu trennen fällt schwer. Der einzige Weg lautet: Probieren geht über Studieren – und gegebenenfalls Reklamieren.

Im Schatten der Schokolade

Die Scharlatanerie, die mit Pralinen in den letzten Jahrzehnten betrieben wurde, hat sicherlich dazu beigetragen, dass auch die edlen Kleinkunstwerke großer Confiseure etwas aus dem Rampenlicht gerückt sind. Vor allem aber wegen der zunehmenden Marktbedeutung des Trendprodukts Tafelschokolade sind Pralinen mehr und mehr aus dem Fokus der Genießer gerückt.

Von herausragender Bedeutung ist dabei die jüngere Genusshistorie: Wer früher in der Welt der Schokolade lange auf der Suche nach einem besonderen Geschmackserlebnis war, dem boten sich einzig bei den Pralinen ausgefallene Alternativen an. Heute jedoch quellen die Regale über mit ausgesucht feinen und überraschend kreativen Tafelschokoladen.

Die Grenzen zwischen Praline, Tafelschokolade und anderen süßen Verführungen sind fließend. So unterscheiden sich die feinen kleinen Kreationen oft nur noch äußerlich und in der Größe von den anderen Produktgruppen. Ein besonders gutes Beispiel sind hier die mit Alkohol aromatisierten Produkte: Den typischen Geschmack einer Rumkugel bieten so heute nicht nur die entsprechenden Pralinen, sondern auch sehr ähnlich schmeckende Schokoladentafeln.

Ein weiterer Grund für den Rückgang der Praline ist zudem in ihr selbst begründet: Sie sollte immer frisch verkostet werden, denn schon nach wenigen Tagen verliert sie an Geschmack. Ihre Haltbarkeit ist beschränkt – ein Killerkriterium in den Regalen von Feinkostgeschäften und Supermärkten.

Ebenso wie in allen anderen Branchen wird auch das Geschäft mit Pralinen vor allem durch Werbestrategien und Marketingaktionen geprägt. Eine besonders wichtige Rolle spielen hier die großen Hersteller – diese konzentrieren sich allerdings mehr auf die leichter und preiswerter herzustellenden sowie haltbareren Schokoladentafeln.

Nicht zuletzt spielt natürlich auch der Preis eine entscheidende Rolle. Eine gute Praline setzt viele Arbeitsschritte und hervorragende Zutaten voraus – und das hat natürlich seinen Preis. Und auch, wenn sich heute viele Genießer das besondere Vergnügen einer hochwertigen Tafelschokolade zu einem höheren Preis leisten – hochwertige Pralinen sind in der Regel immer noch etwas teurer.

Ein besonderer Genuss

Gleichwohl: Eine feine Praline ist immer ihr Geld wert. Denn ganz gleich, wie hoch man auch Tafelschokoladen bewerten mag – Pralinen sind und bleiben die wahren Königinnen der Kakaowelt.

Das zeigt sich allein schon beim Gefühl, welches diese kleinen Meisterwerke auslösen: Nur Ignoranten spüren nicht schon beim Anblick die Vorfreude auf ein kulinarisches Ereignis.

Eine Praline futtert man nicht einfach so weg: Man lässt sie sich auf der Zunge zergehen und spürt intensiv den Aromen nach, die sich durch die Kombination edler Zutaten entwickeln und ausbreiten. Dabei schwingt immer auch die Hochachtung vor der handwerklichen Kunst und aufwändigen Zubereitung mit, die die Confiseure bei der Herstellung aufbringen.

Und so wird die Praline auch in Zukunft das bleiben, was sie immer schon war: Ein ganz besonderer Genuss, der einen Augenblick zum Erlebnis krönt.

Historische Streitigkeiten

Wer waren die Pralinen-Erfinder?

Wie bei vielen anderen berühmten Rezepturen streiten sich die Schokoladengelehrten auch über Ursprünge der Pralinenkunst. So beanspruchen auf der einen Seite die Franzosen – zusammen mit den Deutschen – die Erfinder zu sein, auf der anderen Seite nehmen die Belgier diesen kulinarischen Meilenstein für sich in Anspruch.

Der Zufall als Wegbereiter

Nach der französisch-deutschen Version erblickte die Praline im deutschen Regensburg das Licht der Welt. Einer Anekdote nach soll sie mehr das Zufallsprodukt eines französischen Kochs in deutschen Diensten, als eine findige Kreation gewesen sein.

In der bayerischen Stadt residierte Ende des 17. Jahrhunderts der „immerwährende Reichstag", ein politischer Kongress verschiedener Fürstenvertreter zur Regierung der 350 deutschen Einzelstaaten. Auch der Sonnenkönig,

Ludwig XIV., schickte einen Abgesand-
ten nach Regensburg: den Herzog de
Choiseul du Plessis-Praslin. Dieser sollte
für den französischen Regenten die
Geschehnisse vor Ort verfolgen. Der rei-
che Handelsmann Fugger wollte bei den
Franzosen einen guten Eindruck hinter-
lassen und überließ dem Gesandten für
die Zeit des Aufenthaltes seinen französischen Koch Clémont Jaluzot.

Das mühselige Regierungsgeschäft sollte
den Verantwortlichen mit einer besonderen Spezialität versüßt werden, dem
„Reichstagkonfekt". Das waren überzuckerte Mandeln und Nüsse. Bei der Zubereitung des Konfekts für den Gast aus
Versailles sollen einige davon nur verse-
hentlich in die flüssige Schokolade gefal-
len sein. Der Koch habe aus der Not eine
Tugend gemacht und sie seinem Landsmann als spezielle Kreation offeriert.

Es könnte aber auch die zu dieser Zeit so
beliebte Kakaomasse gewesen sein, die
die Fantasie des Küchenchefs Jaluzot
dazu anregte, das bekannte Konfekt „im
neuen Kleid" zu servieren. Ein Name
dafür fiel ihm schnell ein – zu Ehren des
französischen Herren „du Plessis-Praslin" nannte er sie „Praline".

Die belgische Variante

So nett diese Geschichte ist – die Belgier sind von einer ganz
anderen Historie überzeugt. Ihrer Meinung nach sind die
Schokolade-Köstlichkeiten ihrem Landsmann Jean Neuhaus zu verdanken, dem Nachkommen eines nach Belgien
ausgewanderten Schweizers.

Der findige Chocolatier habe um 1912 zum ersten Mal einen
sahnig-cremigen Kern oder eine rundlich geformte Mandel-
Nuss-Masse mit Schokolade versiegelt. Seine Delikatesse
habe er Praline getauft. Weshalb Neuhaus diesen Namen
wählte, lässt aber selbst die Firmengeschich-
te der bis heute berühmten belgischen Scho-
koladen-Manufaktur offen.

Neben diese beiden Geschichtchen kursieren
weitere, wenn auch nicht ganz so populäre
Legenden um die Ursprünge der Praline. So
behaupten beispielsweise andere Quellen,
sie sei dem Einfallsreichtum eines Genuss-
menschen wie Ludwig XIV. zuzuordnen.

Ob die erste Praline dem Monarchen in Versailles, dem Clémont Jaluzot in Regensburg
oder dem Brüsseler Schokoladenfabrikanten
Neuhaus gelang, dürfte für die Genießer von
heute allerdings eher unwesentlich sein. Wie
auch immer: Die Praline avancierte zu einer
der größten kulinarischen Versuchungen der
Welt.

Die Pralinenherstellung

Von der Ganache zur Praline

So vielfältig die Welt der Pralinen auch sein mag: Für die meisten der feinen Köstlichkeiten kreiert man zunächst eine so genannte Ganache, eine Masse aus Schokolade und Sahne und manchmal auch Butter, die dann aromatisiert wird – z.B. mit Alkohol. Die fertige Ganache wird dann in Pralinenform gebracht. Dabei unterscheidet man vier Techniken:

■ ROLLEN VON HAND: Die erkaltete Ganache formt man zu kleinen Kügelchen, die dann mit der Hand gerollt werden. So entstehen die berühmten Trüffel.

■ FÜLLEN VON HOHLKÖRPERN: Die flüssige Ganache füllt man in vorgefertigte kleine SchokoladenFormen, die heute zumeist industriell hergestellt werden.

■ AUSGIESSEN: Die flüssige Ganache gießt man in größere, flache rechteckige Formen, sodass nach dem Erkalten Tafeln entstehen. Sie werden dann in kleine Stücke, z.B. Würfel, geschnitten.

■ AUFSPRITZEN: Die warme Ganache füllt man in Spritzbeutel und spritzt sie dann in fantasievolle Form.

Viele Pralinen erhalten anschließend noch einen Überzug, zum Beispiel indem man sie bestäubt oder mit Zucker überzieht. Zudem verzieren viele Chocolatiers ihre Pralinen mit kleinen Accessoires wie Schokoladensplittern oder kandierten Fruchtstückchen.

Die Grundtechniken werden natürlich auch miteinander kombiniert, zum Beispiel, indem man zunächst kleine Täfelchen in Gusstechnik erstellt, auf die dann eine andere Ganache aufgespritzt wird.

Die Ganache

Sie ist es, die den Geschmack und die Konsistenz der Praline bestimmt – die Grundmasse aus Schokolade und Sahne. Das Grundrezept dazu klingt denkbar einfach: Zunächst Kuvertüre fein hacken und in eine ausreichend große Schüssel geben. Dann die Sahne kurz aufkochen. Schließlich die heiße Sahne über die Kuvertüre gießen und die Masse so lange glatt rühren, bis sich alle Schokoladenteile vollständig aufgelöst haben.

So weit, so einfach: Die wahre Kunst aber ist es, dieser Ganache einen besonderen Geschmack und eine perfekte Konsistenz zu geben. Das erreicht man durch die Verwendung edler Zutaten – allen voran einer hochwertigen Kuvertüre – und durch das Zugeben geschmacksprägender Zutaten wie z. B. Alkohol oder Gewürzen.

Die Schwierigkeit besteht nicht nur darin, die Zutaten harmonisch aufeinander abzustimmen. Die Zugaben wie z. B. flüssiger Alkohol wirken sich immer auch auf die Konsistenz aus, und die ist für das Pralinenerlebnis – aber auch für die Weiterverarbeitung – äußerst wichtig.

Für das Gelingen ist der Fettanteil der entscheidende Faktor. Sowohl die Kakaobutter der Kuvertüre als auch die zugegebene Sahne enthalten Fett – und nur, wenn diese Fettanteile einen bestimmten Anteil an der Ganache ausmachen, erreicht man die gewünschte Konsistenz. Wenn man z. B. beim Glattrühren Alkohol hinzugibt, verringert sich der Fettanteil. Dies kann man beispielsweise ausgleichen, indem man der aufgekochten Sahne entsprechend viel Butter zugibt.

Je nach Pralinentyp sind unterschiedliche Konsistenzen der Ganache erwünscht. Der Fachmann unterscheidet folgende drei Arten:

- LEICHTE GANACHE: Eine flüssigere Konsisenz, die z. B. für das Einspritzen in Schokoladenhohlkörper erforderlich ist.

- MITTELSCHWERE GANACHE: Eine etwas festere Masse, z. B. für das Rollen von Trüffeln mit der Hand.

- SCHWERE GANACHE: Eine zähflüssige Konsistenz, aus der z. B. feste Pralinentäfelchen entstehen, auf die dann eine mittelschwere Ganache aufgetragen werden kann.

Pralinen-Klassiker

Wie in der Küche überhaupt – beispielsweise bei der Pasta oder den Steaks – werden auch bei den Pralinen weltweit bestimmte Kombinationen besonders geschätzt. Zu den großen Klassikern zählen besonders folgende Pralinen:

BUTTERTRÜFFEL: Das Grundrezept ist denkbar einfach: Die Ganache aus Kuvertüre und Sahne wird mit Butter angereichert. Für den individuellen Geschmack sorgen weiteren Zutaten wie beispielsweise Gewürze, Honig oder auch Alkohol. Abschließend wälzt der Chocolatier die Trüffelmasse in Kakao oder Puderzucker. Zum Teil erhält die Praline zuvor noch einen dünnen Überzug aus flüssiger Kuvertüre.

So einfach das Grundrezept, so überwältigend der Geschmack: Buttertrüffel zählen aufgrund ihrer cremigen, fein schmelzenden Konsistenz und dem leicht buttrigen Geschmack zum Besten, was man aus Schokolade herstellen kann.

Bei den geschmacksprägenden Zutaten sind der Fantasie letztlich keine Grenzen gesetzt: Ob Blütenaromen wie Rose oder Veilchen, Gewürze wie Pfeffer oder Chili oder

Alkoholika wie Grappa oder Orangenlikör – alles ist möglich. Zu den großen Klassikern aber zählen nur wenige Allianzen, allen voran die Kombination mit Kaffee oder Espresso, mit Muskat oder Honig.

MANDELSPLITTER: Gestiftete Mandeln mit Kuvertüre überzogen – das ist das einfache Grundrezept dieser Spezialität. Die Mandeln werden unter mehrmaligem Wenden gleichmäßig geröstet, bevor sie – aufgetürmt zu einem kleinen Berg – mit flüssiger Kuvertüre überzogen werden, die sie zugleich zu einer Einheit verbindet.

Mandeln finden sich über die Mandelsplitter hinaus in vielen weiteren Pralinen – ganz gleich ob ganz oder halbiert, gehackt, gehobelt oder gemahlen. Sie sind auch wichtiger Bestandteil vieler Füllungen, zum Beispiel von Marzipan oder Krokant.

KROKANT-PRALINEN: Das Wort Krokant leitet sich vom französischen „croquant" ab, was soviel wie Knuspergebäck bedeutet. Das kann man wörtlich nehmen: Denn Krokant ist eine knusprig feste Masse aus karamellisiertem Zucker und Mandeln und/oder Nüssen.

Für die im 19. Jahrhundert erfundene Spezialität wird zunächst Zucker karamellisiert. In den fertigen, noch warmen Karamell rührt man dann gehobelte Nüsse.

Bevor die Masse erkaltet, walzt man sie zu einer Platte aus. So entsteht eine dünne, feste Schicht, die z.B. als Boden für Pralinen verwendet werden kann. Zum Teil kommt das Zuckergebäck aber auch als so genannter gestoßener Krokant bei der Pralinenherstellung zum Einsatz.

MARZIPAN-PRALINEN: Streng genommen kann man bei diesen beliebten Klassikern meist nicht von Pralinen sprechen, da die Schokolade meist nur zur Umhüllung des Marzipans dient und somit keinen allzu hohen Anteil einnimmt. Der Geschmack wird von der beliebten Masse dominiert, die man aus Mandeln, Rosenwasser, Puderzucker und Bittermandelöl bereitet. Eine sehr beliebte Spielart sind Pistazien-Marzipan-Pralinen: Die Marzipanrohmasse wird mit fein geriebenen Pistazien und einem Likör, vorzugsweise Maraschino, verfeinert.

NUSS-NOUGAT-KREATIONEN: Nüsse und Kerne in allen Varianten, von der einfachen Hasel- bis zur edlen Walnuss, zählen zu den wichtigsten Zutaten bei der Pralinenherstellung. Ob in ganzen Stücken, gehackt oder fein zerrieben: es gibt unzählige Variationen. Zu den beliebtesten zählen ohne Zweifel die Nougat-Kreationen, die aus zerriebenen und gerösteten Haselnüssen hergestellt werden. Dabei gibt es viele regionale Spielarten wie die italienische Gianduia, den französischen Montélimar-Nougat oder den spanischen Turrón.

INGWERSTÄBCHEN: Diese Pralinenart steht hier für das breite Spektrum an Pralinen, die mit speziellen Gewürzen oder Früchten aromatisiert werden. Neben Ingwer zählen dazu beispielsweise auch Minze oder Citrus-Aromen. Der Ganache mengt man zumeist Konzentrate bei. Den fertigen Massen gibt man – wie bei den Ingwerstäbchen – oft auffällige Formen.

RUMKUGELN: Es gibt wohl kaum eine Küchenkreation, in der der Geschmack eines guten Tropfens so perfekt unterstrichen wird wie bei einer Praline. Auch hier ist zumeist eine Buttertrüffel-Ganache die Basis, der allerdings Alkohol zugesetzt wird. Zu den beliebtesten Spezialitäten der Alkoholkombinationen zählen die Rumkugeln. In der klassischen Variante erhält die Pralinenmasse einen Überzug aus dunkler Kuvertüre und wird abschließend in Schokoladenstreuseln gewälzt.

WEINBRAND-BOHNEN: Das besondere bei dieser Art der Pralinen ist, dass der Alkohol nicht in die Ganache eingearbeitet, sondern in einen geschlossenen Schokoladen-Hohlkörper eingespritzt wird. Er bleibt also in seiner flüssigen Form erhalten. Der Name leitet sich von den Ursprungspralinen ab: Weinbrand in bohnenförmigen Schokoladen. Heute bietet der Handel ein breites Spektrum mit flüssigem Alkohol gefüllter Pralinen an: Zu den beliebtesten Füllungen zählen neben Cognac & Co. vor allem Whisky sowie Obstgeist und Tresterprodukte wie Grappa oder Marc.

Kleine Pralinen-Reise

Spezialitäten aus aller Welt

Die Geschmäcker dieser Welt sind bekanntlich unterschiedlich. Das drückt sich natürlich auch in den Pralinen-Vorlieben und -Traditionen der einzelnen Länder aus. Dies zeigt eine kleine Reise durch die großen Schokoladen-Nationen.

Großbritannien

Die Welt der englischen Pralinen präsentiert sich etwas ausgefallener und ein wenig süßer als auf dem europäischen Kontinent. Dank der langen Tradition als See- und Handelsmacht gehören vor allem Kombinationen mit exotischeren Zutaten zu den Klassikern der Inseln.

So erfreut sich beispielsweise Schokolade im Duett mit Ingwer oder auch Orangeat großer Beliebtheit. Zu den Klassikern zählen vor allem auch die berühmten Minz-Kreationen. Sie gibt es nicht nur für den Massenmarkt als kleine Täfelchen, sondern auch als feinste Prali-

nen – z.B. von der Edelmanufaktur Prestat. Es heißt, bei Queen Mom hätte
immer ein Schächtelchen der Luxuspralinen auf dem Nachttisch gestanden.

Neben alt eingesessenen Traditionshäusern zelebrieren auf der Insel heute
auch junge kreative Chocolatiers hervorragendes Handwerk. Zu ihnen zählt beispielsweise Kshocolât aus Schottland. Besonders beliebt sind die Pralinen mit Veilchen- und Rosengeschmack, die man
auch ins Ausland exportiert.

Aber nicht nur bei den Pralinen, sondern auch beim Genuss ist man in England up to date: So zählen die Londoner
Chocolate Bars „Rococo" der Designerin
Chantal Coady zu den weltweit ersten
Adressen, wenn es um Pralinen- und
Schokoladengenuss geht.

Belgien

Wenn es eine Nation gibt, die für ihre Pralinen weltberühmt
ist, dann ist es Belgien. Die Namen gleich mehrerer Traditionshäuser sind weltweit Inbegriff für die Chocolatierskunst: Dazu zählt Léonidas genauso wie Godiva. Allen voran steht Neuhaus, die ja für sich in Anspruch nehmen, die
mit Schokolade überzogenen Pralinen erfunden zu haben.

Die wohl bekannteste belgische Spezialität sind die Meeresfrüchte: Die aus weißer und dunkler Schokolade geformten Muscheln, Seepferdchen und Krustentiere beinhalten in der Regel eine Nougatfüllung. Es gibt sie aber auch in anderen Geschmacksrichtungen – wie z. B. Lime.

Da belgische Pralinen einen exzellenten Ruf besitzen, gibt es viele Nachahmer, die allerdings oft nur mäßige Qualität bieten. Vor allem süße, billige Discountware hat das Image der belgischen Pralinen z. B. in Deutschland angekratzt. Kenner aber wissen: Die Belgier gehören nach wie vor zu den Top-Produzenten.

Deutschland

Hoch geschätzt wird in Deutschland vor allem Hochprozentiges: Weinbrandbohnen und Pralinen mit flüssigem Alkohol in Kombination mit Nüssen lassen sich die Deutschen besonders gern auf der Zunge zergehen.

Als Urvater dieser Pralinenspezialität gilt der Deutsche Hugo Asbach: Weil es in den 20er-Jahren des 20. Jahrhunderts für Frauen als unschicklich galt, in der Öffentlichkeit Alkohol zu trinken, umhüllte er seinen bekannten Weinbrand „Asbach Uralt" einfach mit Schokolade.

Und weil diese Urpralinen die Form einer Bohne hatten, entwickelte sich schnell die Bezeichnung Weinbrandbohne.

Nicht minder beliebt ist „Lübecker Marzipanbrot", mit Schokolade überzogenes Marzipan in Form eines Brotlaibs. Die Spezialität aus dem Norden der Republik, die aufgrund des nur geringen Schokoladenanteils im strengeren Sinne keine Praline mehr ist, gibt es in verschiedenen Größen.

Vor allem Kinder stürzen sich gerne auf „Eiskonfekt": Diese Spezialität besteht aus ungehärtetem Kokosfett, Kakaomasse und Füllungen in verschiedenen Geschmacksrichtungen, vor allem Nougat. Der Name stammt von dem kalten Gefühl, das Eiskonfekt im Mund hervorruft: Das Kokosfett entzieht dem Mundraum beim Schmelzen Wärmeenergie. Durch Dextrose oder Menthol wird das Gefühl der Kühle im Mund nochmals verstärkt.

Pralinenliebhaber kaufen von den Alpen bis zur Nordsee die kleinen Köstlichkeiten traditionsgemäß nicht in Chocolaterien, sondern in Cafés ein, wo Konditoren neben Kuchen und Torten auch eigene Pralinen herstellen. In Feinkostgeschäften werden vor allem die Pralinenspezialitäten der Hersteller Hachez und Leysieffer geschätzt.

Österreich

1890 hatte der Salzburger Konditor Paul Fürst eine geniale
Idee: Er umhüllte Pistazien-Marzipan mit Nougat und
tauchte die so entstandene Kugel in dunkle Kuvertüre: Dies
war die Geburtsstunde einer der berühmtesten österreichischen Schokoladenspezialitäten: der Mozartkugel.

Nur in Handarbeit von der Konditorei Fürst erzeugte
Mozartkugeln dürfen sich „Original Salzburger Mozartkugeln" nennen – und weil sich das Stammhaus im Schatten
des Salzburger Schlosses Mirabell befindet, tragen die Verpackungen diesen Markennamen.

Aber Österreich steht heute nicht nur für Schokoladen-
Tradition, sondern auch -Innovation: Zu den jungen Meis-

tern, die aus der Schokolade auch feinste Pralinen formen, zählt beispielsweise die Confiserie Berger, deren Edelprodukte gern auch einmal ein Edelweiß ziert.

Schweiz

Neben den belgischen besitzen vor allem die schweizerischen Confiserien Weltruf. Sind es in vielen anderen Ländern vor allem kleinere Chocolaterien, die herausragende Produkte herstellen, so steht der Schweizer Lindt-Konzern für gehobene Pralinen im Massenmarkt.

Seine klassischen Zusammenstellungen von Trüffel-, Krokant-, Nougat- und Marzipankreationen zählen zu den besten, die man in den Regalen gehobener Supermärkte oder Feinkostgeschäfte findet. Neben diesen Klassikern überrascht das Traditionshaus mit immer wieder neuen Kreationen wie beispielsweise modern gestylten und scharf gewürzten Pralinen.

In der Schweiz selbst werden feine Pralinen vor allem mit dem Namen Sprüngli verbunden – einem Traditionshaus, das seinen Stammsitz am Paradeplatz in Zürich hat. Daneben betreibt man noch 17 weitere Confiserien in allen Kantonen des Landes.

Frankreich

Sind es in den meisten Ländern vor allem die Namen großer Süßwarenhersteller, die den Schokoladen- und Pralinenmarkt prägen, hat sich in Frankreich die Tradition der kleinen feinen Chocolaterien weitgehend erhalten. Wer hier Wert auf Qualität und Stil legt, der kauft bei „seinem" Chocolatier um die Ecke.

Die Meister ihres Fachs wirken nicht nur in Paris, sondern auch in der Provinz, wie z. B. Joël Durand, der seine Kreationen alphabetisch in mit Buchstaben bedruckten Pralinen anbietet – wie „B" für Basilikum-Ganache. Eine ganze Reihe der Maîtres vertreiben ihre Köstlichkeiten in den eigenen Geschäften und sogar auf lokalen Wochenmärkten. Ihre Werke, die ohne Zweifel zu den besten der Welt zählen, kann man zum Teil aber auch über das Internet beziehen. Zudem produzieren einige Maîtres auch für andere Chocolaterien in aller Welt.

Zu den absoluten Top-Adressen zählt das „Maison du Chocolat" mit seinen exklusiven Edelboutiquen. In Paris und Cannes – aber auch im Rockefeller Center in New York, am Piccadilly Circus in London und im Hanae Mori Building in Tokio – offeriert man in stylischem Ambiente Feinstes äußerst gut betuchten Schokoladenliebhabern.

Italien

Kaum eine andere Schokoladennation kann bei seiner Pralinentradition auf eine so lange Erfolgsgeschichte zurückblicken wie Italien. Traditionshäuser wie Caffarell oder Majani bieten ihrer Stammkundschaft in Turin oder Bologna schon seit über 200 Jahren berühmte Kompositionen an, allen voran natürlich die weltberühmte Gianduia. Diese Nougat-Variante ist aber nur eine von mehreren Nuss-Spezialitäten. Der feine Geschmack der Edelprodukte ist dabei vor allem auf die Verwendung von besonders schmackhaften, piemontesischen Haselnüssen zurückzuführen.

Eine weitere italienische Spezialität sind die Espresso-Variationen: Pralinen mit einer Ganache, die mit dem kräftigen, landestypischen Kaffee aromatisiert wird. Zum Teil arbeitet man eine ganze Kakaobohne in die Praline ein.

Neben den großen Traditionshäusern, deren Produkte man in der ganzen Welt genießen kann, gibt es aber auch eine Reihe von lokalen Herstellern – und natürlich den neuen Star am italienischen Schokoladenhimmel: Amedei. Genau wie bei den Tafelschokoladen verarbeitet man in der Toskana auch bei den Pralinen nur feinste Zutaten in Kombination mit Edelkakaobohnen.

Schokoladè in der Küche

Mit Schokolade zaubern

Verführerische Qual der Wahl

Neben Schokoladentafeln, Trinkschokoladen, Pralinen und anderen Köstlichkeiten, die es für den direkten Genuss – von der Hand in den Mund – zu kaufen gibt, bietet der Handel zahlreiche weitere Produkte aus Schokolade zur Weiterverarbeitung in der Küche an.

Das Spektrum reicht von Kakaopulver über Koch- und Blockschokolade, Kuvertüre und Glasur bis zu dekorativen Schokoladenraspeln und -streuseln, Blättern oder sogar Buchstaben aus Schokolade. Zumeist finden diese Dinge Verwendung beim Selbermachen von Pralinen oder Konfekt, beim Backen und Dekorieren von Kuchen oder beim Anrühren von Cremes oder Puddings – also vor allem in der süßen Küche.

Doch auch das Kochen mit Schokolade liegt im Trend: Längst haben nicht nur Sterneköche, sondern auch experimentierfreudige Hobbyköchinnen und

-köche Schokolade als Zutat für die herzhafte Küche entdeckt. Und wenn in Schokoladentafeln die schärfsten Mischungen – wie Chili, Szechuan-Pfeffer oder Zitronengras und Schokolade – ihre Liebhaber finden, warum sollten diese Gewürze dann nicht auch im Kochtopf pikante Verbindungen eingehen können? In den Küchen der Ursprungsländer des Kakaoanbaus – wie in Mexiko oder Südamerika – hat das Kochen mit Schokolade eine lange Tradition, vor allem Geflügel- und Eintopfgerichte werden gern mit dunkler Schokolade verfeinert.

Die richtige Auswahl

Wie gut letztendlich pikante Fleischgerichte, cremige Desserts, sahnige Torten oder zartschmelzende Trüffelpralinen gelingen und vor allem schmecken, hängt zunächst ganz entscheidend von der Qualität der verwendeten Zutaten ab. Auch wenn man für einen klassischen Marmorkuchen sicherlich nicht den allerteuersten Edelkakao verwenden muss, so sollte man bei einer Mousse au chocolat oder bei der Zubereitung von Pralinenmasse auf jeden Fall zu hochwertigen Produkten greifen. Ebenso wichtig ist natürlich, dass die Schokolade möglichst frisch ist und richtig gelagert wurde (siehe S. 277).

Dunkle Schokoladen

Grundsätzlich gilt: Je dunkler eine Schokolade, desto herber ihr Geschmack. Denn dunkle Sorten enthalten nicht nur einen entsprechend höheren Kakaoanteil, sondern auch weniger Zucker als helle Sorten. Zum Kochen pikanter Gerichte empfehlen sich besonders herbere Schokoladen mit 70 % bis 80 % Kakaoanteil.

Natürlich sind der Experimentierfreude bei der Auswahl kaum Grenzen gesetzt. Unerfahrene „Schokoladenköche" sollten allerdings zunächst die alt bewährte Regel „weniger ist mehr" beherzigen. Am besten fügt man einem Gericht die Schokolade nach und nach zu und schmeckt zwischendurch immer wieder ab.

Dunkle Schokolade kann natürlich auch für süße Speisen verwendet werden – ob für dunkles Mousse oder eine Ganache als Tortenfüllung. Zumeist ist hier ein Kakaoanteil von 70 % geeignet, um einen charaktervollen Geschmack zu erzielen.

Helle Schokoladen

Aufgrund ihres meist hohen Zuckeranteils und des geringer ausgeprägten Eigengeschmacks spielen Vollmilch- und auch weiße Schokoladen in der salzigen, beziehungsweise herzhaften Küche kaum eine Rolle.

Verwendet man diese Arten von Schokolade in der süßen Küche – also zum Beispiel für Desserts oder Kuchen, sollte man den reichen Zuckergehalt bedenken – die Süß- kraft der Schokolade selbst kann z.B. eine Creme schon so stark prägen, dass kaum weiterer Zucker erforderlich ist.

Glänzend aufgelegt – Kuvertüre

Geschmeidig und glänzend präsentiert sich Kuvertüre, denn sie enthält besonders viel Kakaobutter. Auch sie gibt es

– abhängig vom Kakaoanteil – in weiß, Vollmilch, zart- oder edelbitter und zudem auch mit Gewürzen verfeinert. Kuvertüre wird in erster Linie zur Herstellung von Pralinen, Desserts oder Kuchen verwendet, und zwar sowohl zur Zubereitung von Füllungen als auch zum Überziehen.

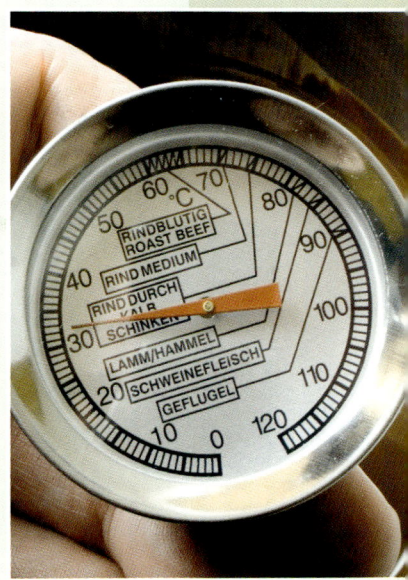

Mancherorts findet man im Handel neben Kuvertüren auch Kochschokolade – diese lässt sich wie Kuvertüre verarbeiten, kann allerdings alternativ zu Kakaobutter auch andere Fette enthalten.

Kuvertüre temperieren

Kuvertüre wird meist in Block- oder Tafelform angeboten. Soll sie zum Überziehen verwendet werden, muss sie temperiert werden. Dabei wird sie zunächst erwärmt und geschmolzen, dann abgekühlt und schließlich beim erneuten Erwärmen auf die perfekte Verarbeitungstemperatur gebracht. Beim Temperieren bedienen sich Fachleute verschiedener – unterschiedlich schwieriger – Methoden. Für den Hausgebrauch eignet sich die so genannte Impfmethode besonders gut.

Kuvertüre impfen

Zunächst hackt man die benötigte Menge Kuvertüre in kleine Stücke und erwärmt die Hälfte davon im Wasserbad auf 40 bis 45 °C. In diese geschmolzene Schokoladenmasse

Kuvertüre tablieren

Bei dieser fachmännischen Methode wird die zerkleinerte Kuvertüre zunächst bei maximal 40 °C geschmolzen. Dann gießt man mindestens die Hälfte der Masse auf eine Edelstahl- oder Marmorunterlage. Nun beginnt das eigentliche Tablieren: Mit einem Spachtel oder einer Palette wird die Schokolade immer wieder von außen nach innen bewegt und so abgekühlt. Festgewordene Masse wird vom Spachtel in die Mitte der Arbeitsfläche abgestreift. Anschließend arbeitet man sie zügig in die restliche flüssige Schokolade ein. Diese Methode erfordert etwas Geschick und Fingerspitzengefühl und empfiehlt sich eher für geübte Hobbyköche.

wird nun die restliche Kuvertüre unter Rühren zugegeben. Dabei sinkt die Temperatur wieder ab.

Zum Verarbeiten wird sie anschließend auf die perfekte Temperatur gebracht. Für dunkle Kuvertüre liegt diese zwischen 30 und 33 °C, für Milchkuvertüre etwas niedriger zwischen 30 und 32 °C.

Temperaturmessen ohne Thermometer

Zum perfekten Temperieren ist ein Thermometer zwar sinnvoll, aber nicht zwingend erforderlich. Die Temperatur kann man nämlich auch erfühlen: Dazu gibt man etwas geschmolzene Kuvertüre auf einen Löffel oder einen Holzstab und führt diesen an die Oberlippe. Fühlt sich die Schokolade etwas kühler an, als die gefühlte Körpertemperatur, so hat sie den richtigen Wärmegrad.

Tipps zum Umgang mit Kuvertüre:

■ Optimale Raumtemperatur bei der Verarbeitung: 20 °C; nicht über 45 °C schmelzen.

■ Aufgelöste Kuvertüre nicht zu heftig rühren, damit keine Luftblasen entstehen.

■ Testen ob richtig temperiert wurde: Zunächst nur ein Stück Gebäck oder eine Praline überziehen und prüfen, ob sie nach dem Abkühlen (10 bis 15 Minuten) den gewünschten Glanz zeigt. Ansonsten noch einmal temperieren.

■ Überzogene Pralinen oder Gebäckstücke immer langsam abkühlen lassen – Kuvertüre verträgt keinen Temperaturschock.

■ Vor Wasser schützen, sonst wird sie klumpig und stumpf.

■ Dunkel, trocken und kühl (18 °C) lagern, dabei gut verpackt und vor Fremdgerüchen geschützt.

■ Abgekühlte und ausgehärtete Kuvertüre kann später wieder verwendet und verflüssigt werden; bei zu langer Lagerung von Kuvertüre leidet jedoch der Geschmack.

Dekorieren mit Schokolade

Zur hohen Kunst beim Verarbeiten von Schokolade zählen bei den Patissiers Dekorationen mit Kakao oder Schokolade, die manchmal an sich schon zum Kunstwerk werden und nicht nur das Auge, sondern auch den Gaumen erfreuen können.

Doch auch ungeübte Hobbyköche brauchen natürlich nicht auf das Vergnügen zu verzichten, einen Nachtisch, eine süße Speise oder einen Kuchen mit Schokolade zu verzieren. Es gibt viele Möglichkeiten, auch mit einfacheren Handgriffen und ohne jahrelange Ausbildung attraktive oder originelle Schoko-Dekorationen auf Torten, Desserts oder andere Köstlichkeiten zu zaubern.

Fertigprodukte

Die einfachste und schnellste Möglichkeit ist es, auf Fertigprodukte zurückzugreifen, von denen der Handel eine breite Auswahl anbietet: Ob Raspeln oder Röllchen, Buchstaben oder Blätter, Stäbchen oder hauchdünne Schokoladentäfelchen – alles ist erlaubt, was gefällt. Da diese Dekorationen meist natürlich auch gern vernascht werden, sollte man beim Einkauf auch hier auf Qualität und Frische achten.

Eigene Dekorationen

Dekorationen selbst herzustellen, macht nicht nur Spaß, sondern es lassen sich damit auch geschmacklich noch gezielte Akzente setzen. So veredeln z.B. schon einige geraspelte Stücke der persönlichen Lieblingsschokolade eine Cremespeise oder geben selbst hergestellte Schokoflocken aus aromatisierter Schokolade einer Torte den letzten Pfiff.

Optische Hingucker sind neben kunstvoll aufgespritzten Mustern in verschiedenen Schokoladenfarbtönen auch in Schokolade getauchte Früchte.

Deko mit flüssiger Schokolade

Mit etwas Zeitaufwand lassen sich verschiedenste Dekorationen auf Basis von flüssiger Schokolade oder Kuvertüre herstellen. Für die folgenden Beispiele wird die Schokolade zunächst immer klein geschnitten und im Wasserbad geschmolzen. Temperieren ist nur teilweise erforderlich.

▬ SCHOKO-RÖLLCHEN: Am einfachsten stellt man sie aus heller Kuvertüre her, die besonders geschmeidig ist. Je dunkler die Schokolade, desto leichter brechen die fertigen Röllchen.

Und so geht's: 100 g geschmolzene Vollmilchkuvertüre portionsweise auf ein umgedrehtes, kühles Backblech (oder eine Marmorplatte) gießen und dünn ausstreichen. Wenn die Schokolade beginnt fest zu werden, mit einem Spachtel zu Röllchen zusammenschieben.

Tipps für Torten

Für einen glänzenden Tortenüberzug verwendet man temperierte Kuvertüre (s. S. 244). Weitere dekorative Zutaten werden entweder zugegeben, so lange die Kuvertüre noch weich ist – z.B. Nüsse oder Mokkabohnen, die dann „festkleben"; andere Zutaten allerdings erst dann, wenn der Überzug ausgehärtet ist. So sollte man beispielsweise mit dem Aufspritzen von Sahne- oder Cremetupfen ebenso darauf warten, wie mit dem Aufbringen von Zuckerschrift.

■ AUSGESCHNITTENE FORMEN: Für ausgeschnittene oder ausgestanzte Formen, die schön glänzen, muss die Kuvertüre temperiert werden.

Und so geht's: Temperierte Kuvertüre auf ein Backpapier oder eine Folie (z.B. etwas stärkere Folienhülle aus dem Bürobedarf) gleichmäßig dünn aufstreichen. Hebt man das Papier oder die Folie nun kurz an und lässt es wieder auf die Arbeitsfläche fallen, wird die Oberfläche noch ebener. Da größere, dünne Schokoladenflächen sich beim Festwerden meist wölben, die ausgestrichene Masse in etwa 20 x 15 cm große Rechtecke teilen, sobald sie etwas fest geworden ist.

Am besten „stürzt" man sie auf ein anderes Papier, damit sich die einzelnen Dekoteile später besser lösen. Bevor die Kuvertüre völlig erstarrt ist, schneidet man mit dem Messer die gewünschten Formen aus oder stanzt sie mit einem Ausstecher (Plätzchenförmchen) aus. Am besten geht es, wenn Messer oder Ausstecher leicht angewärmt sind und nach jedem Schnitt mit einem feuchten, warmen Tuch abgewischt werden.

■ SCHOKO-FRÜCHTE: Man kann sie sowohl mit verschiedenen frischen, als auch mit getrockneten – und
z.B. kandierten – Früchten herstellen. Die Schokolade
sollte zur Fruchtsorte passen, am besten kombiniert
man nach eigenem Geschmack.

Und so geht's: Früchte nach Wahl vorbereiten, nur ein-
wandfreie Früchte verwenden. Sie sollten möglichst trocken
sein, also nach dem Waschen immer vorsichtig trocken tupfen oder auf Küchenpapier trocknen lassen. 200 g Schokolade schmelzen und die Früchte zu maximal $3/4$ in die Schokolade tauchen. Dabei entweder am Stielende fassen oder
eine Pralinengabel oder auch zwei Kuchengabeln zuhilfe
nehmen. Die Schokolade beim Tauchen der Früchte ausreichend warm halten (ca. 40 °C). Früchte auf ein Pralinen-
gitter oder ein Backpapier setzen und trocknen lassen.

- SCHOKOLADEN-BLÄTTER: Diese besondere Dekoration für festliche Anlässe lässt
sich mit interessant geformten Blättern gut
selbst herstellen. Die Blätter sollten frisch
und kräftig sein. Deutlich ausgeprägte Blatt-
adern lassen die Schokoladen-Blätter besonders gut wirken. Am besten pflückt man die
Blätter mit Stiel.

Und so geht's: Die Blätter vorsichtig in kaltem
Wasser waschen, mit Küchenpapier abtupfen
bzw. gut trocknen lassen. Zum Überziehen bieten
sich zwei Möglichkeiten an: Entweder die Blätter
am Stiel fassen und eine Seite durch flüssige
Kuvertüre ziehen; anschließend mit der Schokola-
denseite nach oben auf Backpapier trocknen.
Oder: Die Blattoberseiten dünn mit flüssiger Kuvertüre bepinseln. Erst, wenn die Kuvertüre völlig erstarrt ist, zieht man die Blätter von der Schokolade ab und wirft sie weg – ein flaches Messer
hilft beim Abheben. Schokoblätter kühl lagern.

Muster und Linien

Filigrane Muster wie Gitter oder Kringel, aber auch Herzen
oder Blütenformen kann man mit flüssiger Kuvertüre oder
spezieller Glasurmasse selbst erstellen. Eine Spritztüte dreht
man dazu entweder aus Pergament- oder Backpapier mit
der Hand oder man verwendet einen Gefrierbeutel, von
dem man eine winzige Ecke als Öffnung abschneidet.

Der Umgang – vor allem mit Papierspritztüten – erfordert etwas Übung, am besten beginnt man mit einfachen Mustern wie Tupfen, Zickzacklinien oder Gittern. Kompliziertere Formen zeichnet man am besten vorher auf das Papier und folgt beim Spritzen dann den vorgegebenen Linien.

Grundsätzlich bieten sich zwei Möglichkeiten, Muster aufzuspritzen:

- Direkt auf einen Teller oder auf eine Torte, die zuvor bereits einen einheitlichen Überzug erhalten haben sollte – also z.B. Muster mit weißer Kuvertüre auf dunklen Überzug (oder umgekehrt) aufbringen.

- Zunächst auf Back- oder Pergamentpapier arbeiten; darauf trocknen lassen und später an den gewünschten Ort setzen. Als alternatives „Trägermaterial" eignet sich auch ein Stück feste Plastikfolie (Bürobedarf).

Und so geht's: Ein etwa 30 x 30 cm großes Stück Back- oder Pergamentpapier ausschneiden. Das Papier über eine Ecke zu einer spitzen Tüte mit zunächst ganz geschlossener Spitze drehen. Nun füllt man flüssige Kuvertüre oder Glasurmasse ein, verschließt den Beutel und schneidet mit einer scharfen Schere die Spitze ab. Jetzt kann man beliebige Muster auf Papier oder Folie aufspritzen. Entweder „zeichnet" man nur Konturen, oder füllt diese anschließend noch mit flüssiger Kuvertüre – z.B. in einer anderen Farbe – aus.

Mit Kakaopulver dekorieren

Wirkungsvolle Effekte lassen sich auch mit Kakaopulver erzielen. In der schnellsten Variante wird einfach nur der Tellerrand eines großen Desserttellers leicht mit Kakao eingepudert, oder auch eine winzige Menge Kakao auf eine Milchschaum- oder Sahnehaube gestreut.

Mit geringem Aufwand lassen sich natürlich auch Muster oder Ornamente aufstäuben. Der Handel bietet fertige Schablonen, mit denen man z.B. Sterne oder Herzen auf die Milchschaumhaube einer Trinkschokolade pudern kann.

Originelle Schablonen – vor allem zum Dekorieren von Desserts oder hell überzogenen Torten – kann man aber auch recht einfach selbst herstellen. Dafür schneidet man unterschiedlichste Formen entweder aus dünner Pappe aus oder verwendet natürliche Vorlagen wie einzelne Blätter.

Rezepte mit Schokolade

Schokoladennudeln mit Gambas

■ ZUTATEN: 12 Gambas • 1 Orange • 250 g Schokoladennudeln • Salz • Butter zum Braten • 2 EL Cognac • Pfeffer • 200 ml Crème fraîche • Butter

■ Die Gambas vorbereiten (ggf. am Rücken mit einem scharfen Messer einschneiden und den Darm entfernen) und die Orange auspressen.

■ Die Nudeln nach Packungsanweisung in reichlich Salzwasser garen.

■ Die Gambas in einer Pfanne in Butter anbraten, mit Cognac flambieren, etwas Pfeffer darüber mahlen und die Hitze herunterschalten.

■ Orangensaft und Crème fraîche hinzugeben, mit Salz und Pfeffer abschmecken; die Soße warm halten.

■ Die Nudeln abtropfen und mit den Gambas und der Soße servieren. Pro Portion kann noch ein Stück gesalzene Butter hinzugegeben werden.

Chili con Carne

■ ZUTATEN: 1 große Dose Tomaten • 1 große rote Paprikaschote • 2 Chilischoten • 2 Zwiebeln • 500 g Hackfleisch • 1 EL Olivenöl • 1 Knoblauchzehe • 1 TL gemahlener Kreuzkümmel • 2 EL Tomatenmark • Oregano • 1 kl. Dose Kidneybohnen • Salz • getrockneter Chili (aus der Mühle) • 15 bis 20 g dunkle Schokolade (mind. 70 % Kakaoanteil)

■ Tomaten in einem Sieb abtropfen lassen und in Stücke schneiden, den Saft auffangen. Paprika putzen und in kleine Würfel schneiden.

■ Chilischoten längs aufschneiden und fein hacken. Entfernt man zuvor die Kerne aus der Schote, mildert dies die Schärfe.

■ Zwiebeln schälen, würfeln und mit dem Hackfleisch in heißem Olivenöl anbraten. Gepresste Knoblauchzehe dazugeben.

■ Sobald das Fleisch angebräunt ist, Kreuzkümmel darüber streuen, Chili- und Paprika hinzugeben, kurz andünsten; Tomatenmark unterrühren. Mit etwas Saft der Dosentomaten (oder ca. 100 ml Wasser) ablöschen, Tomaten, Oregano und Bohnen hinzugeben und etwa 15 Minuten köcheln lassen.

■ Das Gericht zunächst mit Salz abschmecken; für mehr Schärfe getrocknete Chili darüber reiben.

▬   Etwa 15 g Schokolade in Stückchen hacken und unter das Fleisch rühren. Einige Minuten ziehen lassen und abschmecken. Nach Geschmack mehr Schokolade hinzufügen.

Mousse au Chocolat

■ ZUTATEN: 3 Eier • 250 g Sahne • 200 g Zartbitter-
schokolade • 40 g Zucker

■ Die Eier trennen. Eiweiß und Sahne getrennt steif-
schlagen und kalt stellen.

■ Die Schokolade in Stücke
hacken, im Wasserbad
schmelzen und anschlie-
ßend abkühlen lassen.

■ In einer Rührschüssel die
Eigelbe mit 2 EL heißem
Wasser aufschlagen.

■ Zucker langsam einrieseln
lassen und die Masse dick-
cremig schlagen.

■ Nun die flüssige Schokolade unterrühren und sofort
erst die Sahne, dann den
Eischnee unterheben.

■ In eine Servierschüssel
oder in Servierschälchen
umfüllen und die Mousse
im Kühlschrank fest wer-
den lassen.

Schokoladenpudding

- ZUTATEN: 100 g Zartbitterschokolade • 2 Eier • 1 Prise Salz • 80 g Zucker • 40 g Speisestärke • 500 ml Milch • 1 Vanilleschote • 1 Eiweiß

- Die Schokolade in kleine Stücke schneiden und im Wasserbad (60 °C) langsam unter Rühren schmelzen.

- Eier trennen, 1 Eiweiß zur Seite stellen. Beide Eigelb mit 2 EL des Zuckers cremig rühren, die Speisestärke mit dem Schneebesen einrühren und die Mischung mit 100 ml kalter Milch glatt rühren.

- Das Eiweiß mit Salz steif schlagen und kalt stellen.

- Die Vanilleschote aufritzen und das Mark herausschaben. Vanillemark und die Schote mit dem restlichen Zucker in die restliche Milch geben und erhitzen. Danach die Vanilleschote aus der Milch nehmen.

- Die Milch nun aufkochen und die Eier-Stärke-Mischung mit einem Schneebesen langsam einrühren. Die Creme so lange unter kräftigem Rühren kochen, bis eine glatte Masse entsteht. Vom Herd ziehen.

- Jetzt die flüssige, aber nicht mehr heiße Schokolade unterrühren. Anschließend das geschlagene Eiweiß unterheben.

- Den Pudding mindestens 2 Stunden abkühlen lassen.

Schokoladeneis

- ZUTATEN: 3 Eigelb • 70 g Zucker • $1/2$ Vanilleschote • 200 ml Milch • 50 g dunkle Schokolade • 200 ml Sahne

- Eigelbe mit Zucker in einer Schüssel cremig rühren. Die Vanilleschote aufschneiden, das Mark herauskratzen, beides in 100 ml Milch geben und diese aufkochen, danach die Schote herausnehmen. Die heiße Milch unter Rühren langsam zur Eigelbmasse geben.

- Die Mischung in einen Topf gießen und bei mittlerer Hitze so lange rühren, bis die Creme dickflüssig wird. Die Masse darf keinesfalls mehr kochen.

- Nun die Masse durch ein feines Sieb in eine Rührschüssel gießen und auf Eiswasser abkühlen lassen – dabei zwischendurch immer wieder umrühren.

- In der Zwischenzeit die Schokolade zerkleinern, in die restliche Milch geben, diese erwärmen und die Schokolade schmelzen lassen. Ebenfalls abkühlen lassen.

- Eiermasse und Schokoladenmilch nach dem Erkalten zusammenrühren, Sahne steif schlagen und untermischen.

- Die Creme am besten über Nacht durchkühlen lassen und dann im Eisschrank (zwischendurch mehrmals durchrühren) oder in der Eismaschine gefrieren.

Feiner Schokoladenkuchen

- ZUTATEN: 6 Eier • 1 Prise Salz • 150 g Edelbitter-schokolade • 150 g zimmerwarme Butter • 150 g Zucker

- Eier trennen. Die Eiweiße mit 1 Prise Salz sehr steif schlagen. In den Kühlschrank stellen.

- Die Schokolade in kleine Stücke schneiden und in eine Metallschüssel geben. Butter in Flocken dazugeben und beides langsam im Wasserbad schmelzen. Zwischendurch umrühren. Den Topf vom Herd ziehen und die Masse etwas abkühlen lassen.

- Eigelbe aufschlagen, nach und nach den Zucker einrieseln lassen und so lange schlagen, bis eine dick-cremige Masse entstanden ist.

- Die etwas abgekühlte flüssige Schokolade langsam zur Eigelbmasse geben und vorsichtig miteinander vermischen. Zuletzt den Eischnee unterheben.

- Eine Springform mit Backpapier auslegen, den Teig einfüllen und bei 180 °C etwa 35 Minuten backen.

- DAZU PASST: Dieser gehaltvolle Schokoladenkuchen kann als Dessert mit einem Süßwein wie italienischem Ricioto oder auch einem Eiswein serviert werden.

Espresso-Grappa-Trüffel

- ZUTATEN für 48 Stück: 200 g Zartbitter-Kuvertüre • 100 g Vollmilch-Kuvertüre • 150 ml Sahne • 2 TL lösliches Espressopulver • $1/4$ TL gemahlener Kardamom • 3 EL Grappa • 50 g zimmerwarme Butter • zum Bestäuben: Kakaopulver und etwas Puderzucker

- Zartbitter und Vollmilch-Kuvertüre fein hacken und im warmen Wasserbad (60 °C) schmelzen.

- Die Sahne aufkochen, Espressopulver darin auflösen. Kardamom und Grappa hinzugeben.

- Sahne mit der Kuvertüremischung verrühren, abkühlen, aber nicht fest werden lassen.

- Die Butter mit dem Mixer dick cremig aufschlagen und mit der Kuvertürecreme verrühren.

- Eine etwa 15 x 20 cm große flache Backform mit Backpapier auslegen. Dann die Pralinenmasse vorsichtig einfüllen, glatt streichen und über Nacht zugedeckt kalt stellen.

- Masse aus der Form nehmen, mit einem in warmes Wasser getauchten Messer in 48 Quadrate à 2,5 cm schneiden. Diese mit sehr kalten Händen schnell zu Kugeln formen. Die Hände am besten zwischendurch immer wieder in Eiswasser tauchen und mit Küchenkrepp abtrocknen.

- Die gerollten Trüffel erneut 1 Stunde kalt stellen.

- Für das Finish: Kakaopulver und Puderzucker vermischen und in eine kleine Schüssel sieben.

- Mit Hilfe einer Gabel die Trüffel nacheinander in die Schüssel geben und durch Bewegen des Gefäßes darin hin und her bewegen, sodass sie ringsum mit Kakao bepudert werden. Zum Aufbewahren am besten in kleine Pralinen-Papiermanschetten setzen.

Schokolade genießen

Einkauf und Lagerung

Die süße Qual der Wahl

Wer gezielt eine gute Schokolade kaufen will, steht vor der angenehmen Qual einer süßen Wahl: Von der klassischen Milchschokolade, dem sortenreinen Edelbohnenprodukt bis zur in Schokolade gehüllten Gewürzmischung eröffnet sich eine schier unüberschaubare Produktvielfalt. Die einzelnen Vertriebsschienen der Schokoladenwelt zeichnen sich allerdings durch verschiedene Vor- und Nachteile aus.

SUPERMARKT: In den Süßwarenregalen der Supermärkte findet sich ein vielfältiges Schokoladen-Angebot. Hier sind hauptsächlich die großen, bekannten Marken vertreten, die zum Teil eher preiswerte Schokoladen und Pralinen anbieten. Abgesehen von einigen Herstellern, die inzwischen wirklich auch Spitzenkreationen bester Rohstoffe und Zutaten im Sortiment führen, begegnet man hier selten großer Qualität.

■ FEINKOSTHANDEL: Die kleinen Feinkost-läden oder auch die Feinkostabteilungen der großen Kaufhäuser bieten eine große Auswahl hochwertiger Schokoladen-Produkte. Hier findet sich auch Ausgefallenes und Exotisches zum entsprechend höheren Preis. Bei Fragen zu den Schokoladen und Pralinen kann hier geschultes Fachpersonal gezielt weiterhelfen und so in der Regel auch Empfehlungen aussprechen, z.B. bezüglich bestimmter Geschmacksrichtungen.

Feinkostketten führen meist Hausmarken, hinter denen nicht selten auch renommierte Hersteller stehen. Ihre Filialen können so in der Regel ein faires Preis-Leistungs-Verhältnis bieten.

■ INTERNET: Der Internethandel bietet dem Schokoladenfreund unbegrenzte Möglichkeiten. Gerade wenn man auf der Suche nach einem bestimmten Produkt ist, das die örtlichen Händler nicht führen, findet man hier fast immer das Objekt der Begierde.

Die Produktnamen lassen sich googeln. Bei den Treffern finden sich nicht nur verschiedene Händleradressen, sondern meist auch die Internetseite des Herstellers. Deren Besuch kann sich bei speziellen Fragen lohnen wie beispielsweise nach den verwendeten Bohnen oder dem Herstellungsverfahren. Vorteilhaft ist zudem, dass man zu vielen Produkten bei den Händlern auch Beschreibungen findet, die über die Verpackungsbeschriftung hinaus gehen. Will man allerdings nur eine kleine Menge Schokolade über das Internet beziehen, können die Versandgebühren den Preis schnell unverhältnismäßig in die Höhe treiben. Außerdem kann es unter Umständen zu Qualitätseinbußen durch Transportschäden – wie zerbrochene Tafeln – kommen.

- CHOCOLATERIEN: Schokoladenfachgeschäfte und Chocolaterien bieten spezielle Produkte verschiedener Hersteller oder auch nur eines nationalen Chocolatiers, wie beispielsweise die Filialen des spanischen Schokoladentempels Cacao Sampaka. Hier lassen sich viele Sorten – meist Frischschokolade – auch direkt verkosten. Fachkundige Beratung und exzellente Qualität haben allerdings ihren Preis.

■ MESSEN: Ein besonders erlesenes, aber auch extrem seltenes Kaufvergnügen bieten Schokoladenmessen, die allerdings in immer mehr Großstädten veranstaltet werden. Hier bekommt man meist das Feinste vom Feinen.

Der Einkauf

Steht man staunend vor den bunt gefüllten Regalen, fesseln schnell die besonders schmuckvollen Verpackungen der Schokoladen und Pralinen-Sorten den Blick. Doch Vorsicht: Nicht immer hält das kunstvolle Outfit, was es verspricht. Abbildungen indianischer Gottheiten und Kunstdrucke mexikanischer Expressionisten auf den Banderolen sind noch längst keine Geschmacks- und Qualitätsgaranten.

Auch wenn das Genießerauge bekanntlich mit isst, sollte man sich nicht allein von der glänzenden Schachtel oder feinstem Seidenpapier verführen lassen. In den Chocolaterien stehen häufig Dutzende kleiner Täfelchen in schlichten Vakuumverpackungen, die zwar optisch nicht so viel hermachen, dafür oft aber durchaus exzellenten Geschmack bieten.

Ein Blick auf die Verpackungsangaben kann hier schon eher Entscheidungshilfen bieten. Besonders hochwertige Produkte nennen dort das Herkunftsland, die Plantage und die Art der Bohne.

Besonders empfehlenswert sind so genannte Cru-Schokoladen und auch Plantagenschokoladen – hierbei handelt es sich um Tafeln, deren Kakao aus genauer bezeichneten Anbaugebieten oder auch von namentlich aufgeführten Plantagen stammt.

Außer den Angaben zur Kakaoqualität und zum Kakaogehalt führen die Verpackungen guter Schokolade folgende Inhaltsstoffe auf: Kakaobutter, natürliches Vanillearoma, Zucker, Sojalecithin und Zutaten wie Nüsse oder Mandeln.

Ein Qualitätsprodukt enthält außer Kakaobutter keine Fremdfette und keine künstlichen Bestandteile. Vanillin, Butterreinfett und die vielen Aromen mit „E" als Vorzeichen haben in einem Qualitätsprodukt nichts verloren. Der Emulgator Sojalecithin hingegen ist zur Verbesserung der Fließeigenschaften in fast allen Schokoladen zu finden und deshalb als Inhaltsstoff nicht nachteilig zu bewerten.

Hilfreich ist es zudem, wenn Verpackungen Hinweise zum Geschmack tragen wie beispielsweise: leicht säuerlich, fruchtig und herb, Töne von Blumen und gerösteter Nüsse.

In den Chocolaterien, den kleinen Feinkostgeschäften sowie den Fachabteilungen der Supermärkte sollte man den Service des Beratungsgesprächs in Anspruch nehmen. Die Fachverkäufer kennen ihre Produkte und können Tipps entsprechend der jeweiligen Geschmacksvorlieben geben.

Beim Einkauf neuer Produkte sowie beim Verzehr gilt der Grundsatz: Lieber klein aber fein als groß und mittelmäßig. Vor allem zum Ausprobieren empfiehlt es sich, kleinere Mengen, dafür aber mehrere verschiedene Sorten zu kaufen. Wer das beherzigt, gewinnt Geschmackserfahrung und schont Geldbeutel und Figur.

Wichtig ist auch, sich nicht von der Größe der Verpackung leiten zu lassen. Teure Edelschokoladen werden zumeist nur in Tafeln von 50 bis 80 Gramm angeboten. Die Verpackung ist dabei oft allerdings nicht kleiner als die einer Standardtafel mit 100 Gramm.

Schokolade richtig lagern

Hat man seine Geschmacksrichtung gefunden, kann man sich – bei optimalen Lagerungsbedingungen – bedenkenlos größere Vorräte anlegen. Zur Erhaltung der Qualität des Produktes beachten Kenner folgende Empfehlungen:

- Da Schokolade feuchtigkeitsempfindlich ist, sollte sie an einem trockenen Ort aufbewahrt werden.

- Schokolade nimmt schnell andere Gerüche an. Sie sollte deshalb nie in der Nähe von stark riechenden Lebensmitteln liegen, sondern in einem geruchsneutralen Behälter wie einer Metalldose.

- Durch andauernden Lichteinfall verändern sich die Fettmoleküle in der Schokolade. Um die so genannte Oxidation zu vermeiden, sollte Scho-

Temperaturschwankungen beim Transport vermeiden

Schokolade ist ein empfindliches Lebensmittel. Auf dem Transport vom Supermarkt nach Hause sollte sie keinen großen Temperaturschwankungen ausgesetzt sein – und beispielsweise bei Sonnenschein nicht lange in der Einkaufstasche liegen, wo sie womöglich zu schmelzen beginnt. Bei hohen Außentemperaturen lässt sich Schokolade gut in einem Thermobeutel – den man auch für andere zu kühlende Produkte verwenden kann – aufbewahren, um sie unbeschadet daheim genießen zu können.

kolade an dunklen Orten, am besten in möglichst luft-
dichten Dosen, aufbewahrt werden. Dunkle Schokolade hat allerdings durch ihren hohen Kakaoanteil
einen natürlichen Oxidationsschutz.

■ Schokolade ist temperaturempfindlich. Sie sollte weder im Kühlschrank noch bei zu hohen Temperaturen
aufbewahrt werden. Die optimale Lagertemperatur
sollte zwischen 12 und 20 °C liegen und möglichst
konstant bleiben.

Sind optimale Lagerbedingungen gewährleistet, lässt
sich dunkle Schokolade problemlos bis zu zwei Jahre
lagern. Helle Schokoladen sind leichter verderblich und nur
etwa ein bis eineinhalb Jahre haltbar. Zu beachten sind
natürlich immer auch die Haltbarkeitsangaben des Herstellers auf der Verpackung.

Sichtbare Lagerungsfehler

Bei Lagerungsfehlern zeigt die Schokolade ein-
deutig erkennbare Fehlermerkmale.

■ FETTREIF: Bei zu warmer Lagerung oder
zu stark schwankenden Temperaturen entsteht Fettreif auf der Schokolade. So nennt
man eine dünne Schicht abgelagerter Fett-
kristalle, die der Schokolade den Glanz
nimmt und zu einem fleckigen, weißen
Belag führt.

■ ZUCKERREIF: Wird Schokolade hohen Temperaturschwankungen ausgesetzt, kann es zur so genannten Kondensation kommen: Auf der Oberfläche bilden sich kleine Wassertropfen. Durch die Feuchtigkeit löst sich Zucker aus der Schokolade. Nachdem dann das Wasser wieder verdampft ist, bleibt der Zucker auf der Oberfläche zurück. Große, ungleichmäßige Flecken sind die Folge. Deshalb sollte man Schokolade nach dem Transport in Kühltaschen oder dem Aufbewahren in Kühlschränken ausreichend Zeit geben, sich noch in der Verpackung zu akklimatisieren.

■ OXIDATION: Durch den Oxidationsprozess, der die Fette in der Schokolade auflöst, entwickelt die Schokolade einen unangenehmen Geruch und Geschmack.

Um Lagerschäden möglichst effektiv vorzubeugen, verpacken die Hersteller ihre Schokoladen in Seiden- und Stanniolpapier. Zusätzlich zur Umverpackung erhalten manche Produkte noch eine Cellophanhülle, die vor ungünstigen Einflüssen schützt.

Frische Schokolade wird – nicht zuletzt auch der attraktiven Optik wegen – meist nur in durchsichtigen Cellophanverpackungen angeboten. Diese Produkte haben meist nur eine kurze Mindesthaltbarkeit und sollten also möglichst frisch verzehrt werden.

Die Verkostung

Mit Liebe und Muße vergleichen

Wer bewusst Schokolade kennenlernen und genießen möchte, zelebriert am besten eine Schokoladen-Verkostung. Dabei probiert man verschiedene Sorten und vergleicht sie im Hinblick auf Optik, Geruch, Konsistenz und Geschmack.

Auch wenn beim Einkauf viele feine Köstlichkeiten den Weg in den Einkaufskorb fanden, sollten bei einer Schokoladenverkostung nicht mehr als drei bis vier verschiedene Sorten probiert werden, da Geschmacks- und Geruchssinn nicht grenzenlos Aromen aufnehmen und bewerten können. Das ist ähnlich wie beim Testen verschiedener Düfte in Parfümerien.

Um zwischen den einzelnen Proben immer wieder aufnahmebereit für neue Eindrücke zu werden, sollte man ein paar Schlucke Wasser und ein wenig Weißbrot zu sich nehmen. Es erscheint aufgrund des sensiblen Gaumens nur logisch, die Schokolade mit dem geringsten Kakaoanteil an den Anfang einer solchen Degustation zu stellen und sich langsam zu den hochprozentigen Sorten

vorzukosten. Es empfiehlt sich zudem, ein Thema oder ein Motto für die Degustation zu wählen. Dabei verkostet man entweder nur reine Kakaoprodukte oder Schokoladensorten mit bestimmten Zusätzen oder Füllungen wie z.B. nur Frucht- oder Gewürzschokoladen.

Zum Verkosten braucht man Zeit und Muße. Dies gilt für Schokolade und gleichermaßen für Pralinen. Sie sollten vorher zwei bis drei Stunden bei Zimmertemperatur „atmen", um ihre Aromen optimal entfalten zu können.

Eine Tafel schneidet man vor dem Genuss mit einem scharfen Messer in Stücke, die sich aber noch brechen lassen. Pralinen werden geteilt, um auch die Füllung gut betrachten zu können.

Sinnliche Erfahrung

Beim Degustieren eröffnet sich eine ganze Welt verschiedenster Wahrnehmungen die alle Sinne anspricht:

- SEHEN: Die optische Prüfung zur Beurteilung der Beschaffenheit der ausgesuchten Stücke setzt zunächst natürlich optimale Lichtverhältnisse voraus. Bereits eine attraktiv designte Verpackung ist ein Blickfang und lädt zum Entdecken des darin verborgenen „Schatzes" ein. Die möglichst einheitliche Farbe der Schokolade – variierend von milchig-weiß bis fast schwarz – und ihr schöner, matter Glanz fallen sofort ins Auge.

Dabei zeigt sie eine glatte, porenfreie Unterseite. Ein eindeutiges Kriterium für erstklassige Schokolade sind die glatten Bruchkanten und die dichte Struktur. Splitternde Schokolade ist zu trocken. Schokoladen mit höherem

Über 400 verschiedene Aromen

Das Aroma und der Geschmack von pflanzlichen Produkten wie Tee, Kaffee und Kakao, lässt sich nicht nur schmecken, sondern auch durch streng wissenschaftliche Untersuchungsmethoden erfassen. Bei genauer Analyse von Kakao konnte man bereits vierhundert Aromen klassifizieren, wobei man noch von der Existenz sechshundert weiterer Aromen ausgeht. Der Kakaogeschmack ist nach Untersuchungsergebnissen überwiegend von Nuss-, Zitrus- und Gewürznuancen geprägt. Die Nussaromen sollen dabei besonders intensiv sein, was vielleicht begründet, warum Nuss- und Nougat-Kreationen zu den beliebtesten Schokoladen-Produkten zählen.

Kakao-Anteil sind in der Regel etwas härter; Ausnahmen bilden Produkte mit hohem Criollo-Anteil. Pralinen präsentieren sich mit einwandfreier Oberfläche sowie raffinierten Formen und Füllungen.

■ HÖREN: Der erste Höreindruck ist das verheißungsvolle Rascheln des Papiers beim Öffnen der Verpackung. Auch das Stanniolpapier unter der Banderole hat seinen ganz eigenen Klang und schützt das frische Produkt. Doch auch die Schokolade selbst lässt von sich hören: Das sanfte Brechen einer Tafel erzeugt bei hochwertiger Schokolade ein deutliches Knackgeräusch. Gefüllte Produkte haben generell natürlich weniger „Knacksubstanz".

■ FÜHLEN: Bei Schokolade geht es ums Fingerspitzengefühl. Ein gutes Produkt fühlt sich glatt an. Ebenso lässt sich die weiche, aber elastische Struktur von Pralinen zwischen den Fingern spüren.

■ RIECHEN: Die Nase genießt – ähnlich wie beim Wein – auch bei der Schokolade ein reichhaltiges Aromenbouquet. Es entfalten sich feine Röstaromen und der Duft von Honig oder Marzipan, auch Karamell- oder Vanillenoten entströmen zart. Die Aromen sollten aus-

gewogen und nicht dominant wahr-
nehmbar sein. Minderwertige Produkte zeigen häufig grobere Röstaromen oder auch den Geruch von
künstlichen Zusätzen wie Vanillin.

Man kann seine Wahrnehmung trai-
nieren. Wer häufiger bewusst Aromen
„entziffert", kann sie schon bald immer
differenzierter erkennen. Während der Verkostung sollte man tunlichst fremde Ge-
ruchsquellen wie beispielsweise Duftker-
zen oder Blumen in der Nähe vermeiden,
um tatsächlich nur die sensiblen Schoko-
Aromen wahrnehmen zu können.

▬ SCHMECKEN: Endlich ist es so weit:
Die feine Schokolade zergeht auf der
Zunge. Kennern sagt die Feinheit,
der wohl bekannte zarte Schmelz,
etwas über die Dauer des Conchie-
rens. Beim Abbeißen sollte wie beim
Abbrechen ein deutliches hartes
Knacken spürbar sein und nicht etwa
ein sandiges Knirschen. Wichtig ist,
die verschiedenen Aromen auf der
Zunge zu schmecken. Je nach Blend
bzw. Cuvee, also der Mischung, kann
man Nuancen von Nuss, exotische
Aromen oder auch die Rösttöne des
Kakaos erschmecken.

Profis beschäftigen sich genau wie beim Wein mit dem Süßegrad oder der Säure, mit dem Körper der Schokolade, der Harmonie der Aromen sowie dem Abgang. Das Stück Schokolade oder die Praline sollten auf der Zunge zergehen und eher gelutscht als zerbissen werden. Schokolade mit Füllungen kaut man zunächst ein wenig, damit z. B. Nuss- oder andere Aromen sich entfalten können.

Im Anschluss an das Gaumenerlebnis kann man die Fragen des Geschmacks erörtern. Typische Fragen sind: Bleibt ein Nachgeschmack zurück, wenn sich das Schokoladenstück aufgelöst hat? Wenn ja, gleicht er eher einem feinen Milchgeschmack oder sind die Kakaoaromen dominanter? Sind Süße und Kakaogehalt ausgeglichen? Bewirken die verschiedenen Komponenten bei einer Praline eine Trennung der Geschmacksebenen oder verbinden sie sich zu einem harmonischen Geschmackserlebnis?

Als grobe Richtlinie bei der Geschmacksbewertung gilt übrigens: Besonders süße Produkte können keine vielschichtigen Aromen entwickeln. Und: Je feiner die Schokolade, desto intensiver ist das Geschmackserlebnis. Vor allem aber gilt: In Ruhe genießen, schmecken, träumen und schwelgen ..., all dies geht über ein zu nüchternes, fast wissenschaftliches Vorgehen bei der Schokoladen-Verkostung.

Der richtige Rahmen

Natürlich sind die feinen Schokoladen-Kreationen immer für einen Soloauftritt gut – ganz gleich ob als Schmankerl nebenbei oder auch als bewusst gefeierter Hochgenuss. Doch ein guter Solist glänzt auch im Zusammenspiel mit anderen Größen und unterstützt sogar deren starke Seiten.

So fühlt sich auch Schokolade traditionell von Kaffee oder Tee angezogen beziehungsweise ergänzt. Außerdem liebt sie seit jeher hochprozentige Partner wie Rum, Cognac oder Whisky. Schokolade und Wein hingegen sind als Traumpaar eine Neuentdeckung der Gourmets, die sich zunehmender Beliebtheit erfreut.

Schokoladen-Solo

Als Kaltgetränk harmoniert besonders Milch hervorragend mit Schokolade. Dank ihrer Zurückhaltung im Eigengeschmack und ihres Lecithingehalts ergänzen sich die beiden gut. Daher wird Milch als perfekte Begleiterin beispielsweise zum Schokoladen-Fondue empfohlen.

Wer sich verschiedenen Schokoladen-Genüssen widmet und während der einzelnen Kostproben seinen Gaumen erfrischen möchte, trinkt am besten schlicht stilles Wasser. Einschlägigen Degustations-Tipps ist so-

gar ein Hinweis auf mild aufgebrühten Hagebutten-Tee als optimales Getränk zur Schokoladen-Degustation zu entnehmen. Die Hagebutte soll nämlich in ihrem Geschmack dem Kakao in gewisser Weise verwandt sein.

Schokolade zu Kaffee und Tee

Kakao, Kaffee und Tee sind alte Freunde. Sie sind die kostbaren Naturprodukte, die aufgrund ihrer Aromen zu Europas Lieblingen unter den – einst exotischen – Heißgetränken avancierten. Feste Schokolade genießt man seit langem mit Kaffee oder Tee. Die drei Rohstoffe entwickeln ihre aromatischen Vorzüge durch die Fermentation, welche bei Kakao, Kaffee und auch Tee zum Teil ähnliche Geschmacksnuancen hervorbringt.

Als Beispiel für die traditionelle Verbindung von Kakao und Kaffee gilt ein altes Turiner Aristokratengetränk, der Bicerin. Als Kaffee-Kakao-Mix bildet er eine der zahlreichen Espressovariationen in Italien. Mokkapralinen oder mit feinster Zartbitter-Schokolade überzogene Kaffeebohnen präsentieren weitere Mix-Spielarten der beiden Solisten.

Die Aromen in bekannten Tee-sorten, wie beispielsweise die Zitrusaromen im Earl Grey und natürliche Nussaromen beim Darjeeling, finden im Kakao ebenfalls ein passendes Pendant. Diese Teesorten kann man deshalb ganz ausgezeichnet zu Schokoladen-Produkten wählen – genauso wie einige aromatisierte Tees: Die Zitrusaromen eines Orangentees gelten beispielsweise als idealer Partner zu dunklen Schokoladen. Findige Vertriebe bieten sogar verschiedene Sortimente von Tees und Schokoladen in einer gemeinsamen Verpackung an.

Schokolade und Wein

Die Kombination von Wein und Schokolade ist eine trendige Traumpaarung. Die anfänglichen Zweifel von Weinfreunden und Gourmets, der relativ wasserhaltige Wein könne sich nicht gegen den eher fetthaltigen Partner Schokolade behaupten, sind längst zerstreut. Heute ist man sich in der Partnerwahl einig und hat sogar viele Gemeinsamkeiten in den Aromen gefunden.

Wer Wein und Schokolade kombinieren möchte, sollte zu hochwertigen Weinen und Schokoladensorten greifen.

Dabei ist zu bedenken, dass die Wertigkeit der Schokolade nicht nur durch die Höhe des Kakaoanteils, sondern durch die Qualität aller Zutaten bestimmt wird. Und: Nicht jeder Wein passt zu jeder Schokolade.

Milchschokoladen mit einem geringen Kakaoanteil, die geschmacklich in Richtung Mandel-Nougat gehen oder eine fruchtige Note aufweisen, harmonieren am besten mit vollmundigen, fruchtigen Weißweinen. Je höher der Kakaoanteil der Milchschokolade, desto besser passen hier edelsüße Weine oder Beerenauslesen.

Dunkle Schokolade mit hohem Kakaoanteil erfordert einen hohen Alkoholgehalt des Weins. Kräftige im Barrique ausgebaute Rotweine passen daher besonders gut zu diesen Edelbohnen-Produkten.

Für eine Schokoladen-Wein-Degustation empfiehlt es sich, nur reine Schokoladen auszuwählen. Verschiedene Schokoladen-Produkte aus einem Anbaugebiet, eines Jahrgangs oder einer besonderen Kakaobohne sollten das Thema der Verkostung bilden. Fremde Aromen und Füllungen wie Nüsse und Krokant stören hingegen eher die Wahrnehmung der Kakao- und Weinaromen.

Schokolade und Hochprozentiges

Rum, Cognac oder Whisky aber auch Obst- und Tresterbrände werden seit jeher mit fein dekorierten Schokoladen-
produkten genossen, gehen hochprozentiger Alkohol und
hochprozentiger Kakao doch eine ideale Verbindung ein.
Neue Kreationen sowohl in der Spirituosenbranche als auch
bei den Chocolatiers bilden hier ein immer wieder neues,
spannendes Genussfeld.

Als grobe Anleitung für die Kombination von Schokolade mit Hochprozentigem gilt: Schokoladen mit hohem
Kakaoanteil sind zweifellos die besseren und interessante-
ren Partner der Destillate. Von Kennern werden besonders
solche aus Waldfrüchten, Marille und Kirsche hervorgehoben. Und auch Himbeerbrände vertragen einen starken
Partner und können ein wahres Geschmacksfeuerwerk mit
Schokolade entfachen.

Gemeinsamer Genuss: Schokoladenbrunnen & -fondue

Was gibt es schöneres, als gemeinsam einer kleinen Leidenschaft zu frönen? Schokola-
denbrunnen und -fondues bieten dazu allen Schoko-Fans besonders köstliche Möglichkeiten: In flüssige Schokolade, die beim Brunnen über eine Etagere fließt und sich beim
Fondue in einem erwärmten Gefäß befindet, taucht man alles, was das Genießerherz
mit dem Braunen Gold überziehen möchte: Allen voran Früchte und Gebäck, aber auch
Käse oder sogar kleine vorgebratene Fleischstückchen. Der Handel bietet dazu nicht
nur relativ preiswerte Geräte an, sondern auch spezielle Schokolade, die über sehr gute
Fließeigenschaften verfügt.

Register

Register der Rezepte

Bildquellen & Danksagung

Fotos: Alfred Ritter GmbH & Co. KG, Waldenbuch, D: S. 84; Amano Artisan Chocolate, Utah, USA: S. 164; Bouga Cacao, La Rochelle, F: 74-75; Chocolaterie Cluizel, Damville, F: S. 109, 288; Confiserie Berger, Lofer, AT: 111, 220; CCC Confiserie Coppeneur et Compagnon GmbH, Bad Honnef, D: S. 20, 103, 112, 159-160, 241; Halloren Schokoladenfabrik AG, Halle, D: S. 93; Infozentrum Schokolade, D: S. 50-61, 63, 65, 71, 73, 80-82, 86, 89-91, 148-149, 152-153, 158, 238-240; Kraft Foods Deutschland GmbH, Bremen, D: S. 22, 113, 194; Market Grounds GmbH & Co. KG, Hamburg, D: S. 96, 181; Nestlé, CH: S. 62, 166; Chocolates Simón Coll, S.A., Sant Sadurní d'Anoia, E: S. 87, 147; Stollwerck GmbH, Köln, D: S. 31, 40, 48; Zotter Schokoladen Manufaktur GmbH, Riegersburg, A: S. 66, 70, 72, 83, 85, 146, 150-151, 154-157, 236; Leah-Anne Thompson: S. 26, 35, Yanik Chauvin: S. 49 (istock); Harmen Piekema: S. 28, Aldra: S. 29, Stefan Krause: S. 45, Kornilovedream: S. 46, Alexander Hafemann: S. 78 (dreamstime). Alle anderen: Medien Kommunikation, Unna, D, Raphael Pehle

Konzeption & Realisation: Medien Kommunikation, Tobias Pehle, Unna, D
Redaktion: Yara Hackstein (Ltg.), Ulrike Ehrlacher, Martina Handwerker, Carola Struck, Beate Engelmann, Roger Kimpel
Herstellung: Mathias Hinkerode (Ltg.), Britta Wirth

Unser herzlicher Dank gilt allen unterstützenden Unternehmen, ganz besonders: A. Viani Importe GmbH, www.viani.de; H. Wilk GmbH & Co. KG; www.wilk-delikatessen.de; Market Grounds GmbH & Co., www.market-grounds.com